Editora Vida
Rua Conde de Sarzedas, 246 – Liberdade
CEP 01512-070 – São Paulo, SP
Tel.: 0 xx 11 2618 7000
atendimento@editoravida.com.br
www.editoravida.com.br

Editor responsável: Gisele Romão da Cruz Santiago
Tradução: Onofre Muniz
Revisão de tradução: Andrea Filatro
Revisão de provas: Josemar de Souza Pinto
Projeto gráfico: Claudia Fatel Lino
Diagramação: Carolina do Prado
Capa: Arte Peniel

© 1981,2012, Charles & Frances Hunter
Título do original
How to Heal the Sick
Copyright da edição brasileira © 2018, Editora Vida
Edição publicada com permissão de Whitaker House
(New Kensington, PA, EUA)

∎

Todos os direitos desta obra reservados por Editora Vida.

PROIBIDA A REPRODUÇÃO POR QUAISQUER MEIOS,
SALVO EM BREVES CITAÇÕES, COM INDICAÇÃO DA FONTE.

Todos os grifos são do autor.

∎

Scripture quotations taken from Bíblia Sagrada,
Nova Versão Internacional, NVI ®.
Copyright © 1993, 2000, 2011 Biblica Inc.
Used by permission.
All rights reserved worldwide.
Edição publicada por Editora Vida,
salvo indicação em contrário.

Todas as citações bíblicas e de terceiros foram
adaptadas segundo o Acordo Ortográfico da
Língua Portuguesa, assinado em 1990,
em vigor desde janeiro de 2009.

1. edição: fev. 2018

Dados Internacionais de Catalogação na Publicação (CIP)
(Câmara Brasileira do Livro, SP, Brasil)

Hunter, Charles
    Como curar os doentes / Charles e Frances Hunter ; [tradução Onofre Muniz].
-- São Paulo : Editora Vida, 2018.

    Título original: *How to Heal The Sick*
    ISBN 978-85-383-0367-1

    1. Cura espiritual - Cristianismo 2. Cura pela fé 3. Saúde - Aspectos religiosos 4. Vida cristã I. Hunter, Frances. II. Título.

17-09471   CDD-234.131

Índices para catálogo sistemático:
1. Cura : Graças espirituais : Cristianismo 234.131

Sumário

Prefácio... 7

Capítulo 1 – Dupla visão para uma única missão.   9

Capítulo 2 – O grande avanço................................. 21

Capítulo 3 – A imposição de mãos........................ 27

Capítulo 4 – A imposição de mãos — e mais!...... 45

Capítulo 5 – Permita que os doentes toquem em você!.. 59

Capítulo 6 – Fale a uma montanha........................ 67

Capítulo 7 – O que você vê é o que você consegue!... 83

Capítulo 8 – Algumas condições para cura........... 107

Capítulo 9 – A unção com óleo.............................. 119

Capítulo 10 – A cura pela oração intercessora...... 125

Capítulo 11 – A cura pelo uso de panos ungidos.... 129

Capítulo 12 – Outras formas de curar os doentes 133

Capítulo 13 – E se eu não for curado?.................. 147

Capítulo 14 – Ser sensível ao Espírito Santo........ 151

Capítulo 15 – Expulsar demônios.......................... 157

Capítulo 16 – O dom da fé..................................... 195

Capítulo 17 – Milagres criativos............................ 209

Capítulo 18 – Fazendo crescer braços e pernas.... 223

Capítulo 19 – Ir ao mundo todo... curar os doentes.. 239

Sobre os autores.. 245

Prefácio

Durante trinta anos, meus pais, Charles e Frances Hunter — "os Hunters felizes" — viajaram pelo mundo ministrando em estádios de futebol e outras arenas públicas cheias de pessoas ansiosas por ver o poder de Deus ser liberado na cura. Milhões de homens, mulheres e crianças em 49 países por todo o mundo foram curados, libertos e cheios do Espírito. Os Hunters lideraram 172 "Explosões de Cura" — eventos através dos quais eles treinaram os cristãos locais para ministrar efetivamente aos enfermos e vê-los se recuperar.

Acredite ou não, os meus pais eram pessoas normais. Antes de se tornarem evangelistas em tempo integral, o meu pai era um contador público certificado, e a minha mãe era proprietária de uma empresa de impressão. Eles descobriram que Deus pode — e irá — usar qualquer um que se torne disponível a ele. Como eles gostavam de dizer: "Se nós podemos fazer isso, você também pode!". Deus cura ainda hoje, e ele deseja que aqueles que creem nele ministrem aos doentes.

No entanto, o corpo de Cristo não está treinado para ministrar aos que sofrem doenças físicas. É exatamente por isso que os meus pais escreveram *Como curar os doentes*. Desde a sua publicação inicial, milhões de pessoas leram e puseram em prática os princípios apresentados neste livro. Por mais de três décadas, este livro tem sido usado para ensinar métodos simples e eficazes de orar pelos doentes e vê-los curados. Charles e Frances Hunter compartilham sua riqueza de conhecimento, com base em sua dramática experiência pessoal do amor e do poder de

Deus, de uma maneira que abrirá os seus olhos para a obra do poder sobrenatural de Deus, e também abrirá as portas para você ministrar cura aos outros.

—*Joan Hunter*
Autora, evangelista e presidente do
Ministério Hunter e do Ministério Joan Hunter

Capítulo 1

Dupla visão para uma única missão

Em junho de 1980, Deus nos deu uma visão do mundo com faixas de prata e ouro cobrindo todo o Globo, mas não de uma maneira ordenada em que você esperaria vê-las. Essas faixas se espalhavam por todo o mundo como riachos de prata e ouro derretidos correndo em todos os tipos de lugares estranhos, montanhas e vales. Não havia nenhum plano óbvio representado por esses riachos de prata e ouro; eles corriam aqui e ali, sem um plano ordenado. Às vezes, eram grandes, às vezes muito estreitos. Em alguns lugares, parecia que uma grande bolha de prata e ouro havia caído, mas não se via nenhum padrão de tipo algum! Então vimos os estudantes começando a levantar-se e ficar sobre as faixas de prata e ouro.

Começamos a pensar a respeito, porque, no começo, não nos pareceu nada, a não ser uma enorme confusão. Lentamente, Deus começou a revelar o que aquela visão significava e como ela se aplicava ao nosso ministério.

Quanto mais pensávamos a respeito daquela visão divina, mais começávamos a entender que Deus estava nos dizendo para levar a mensagem total da salvação, que inclui a cura, ao mundo inteiro, deixando as massas aprenderem a operar no sobrenatural e a curar os doentes.

O nosso coração começou a cantar enquanto Deus continuava a revelar o que ele queria que fizéssemos. Primeiro, ele nos orientou a ensinar "como curar os doentes". Havíamos visto estudantes da Escola de Ministério Cidade da Luz em pé sobre as faixas de prata e ouro, e por um momento pensamos que eles estavam de partida para todas as partes do mundo a fim de ensinar os outros a curar os doentes. De alguma forma, essa compreensão não nos deu total segurança de que aquela era de fato a visão.

Então o quadro se expandiu, e vimos as escolas de vídeo alcançando todo o mundo — até os menores lugares aos quais evangelistas nunca chegam — a fim de ensinar todas as pessoas nos lugares mais remotos do mundo a colocar as mãos sobre os doentes e os curar. Os alunos que aprenderam com essas fitas de vídeo saíam e pregavam o evangelho aos pobres, curavam os quebrantados de coração, pregavam libertação aos cativos, recuperavam a visão aos cegos e libertavam os que estavam feridos.

Pela primeira vez, vimos claramente a identidade dos alunos de pé sobre as faixas! Tínhamos visto estudantes de todas as nacionalidades, mas pensamos que eles viriam estudar na escola aqui no Texas. Então percebemos que se tratava daqueles que talvez nunca nos encontrassem, aqueles que só podiam nos ver através de fitas de vídeo, mas que ainda assim, tendo recebido a mensagem de como curar os doentes, saíram para estender as mãos sobre os enfermos!

Este é o momento de Deus para outro grande movimento de seu Espírito, à medida que as massas são treinadas para sair e ministrar num estilo pessoal. Faculdades bíblicas e escolas ministeriais surgiram por toda parte como um mundo faminto que diz: "Ensina-nos a operar no sobrenatural, da mesma forma que os primeiros discípulos fizeram!".

Existe uma fome tão grande no povo de Deus para aprender mais sobre as coisas de Deus que, acreditamos, em poucos anos não haverá escolas suficientes para atender a todas as necessidades, e as pessoas terão de entrar numa lista de espera para entrar nas escolas que já estiverem em funcionamento. Que pensamento emocionante, e que momento sensacional para estar vivo! Estamos confiantes de que Deus abriu o nosso espírito para uma missão dinâmica, de longo alcance, que envolve ensinar as massas sobre como é simples se tornar um discípulo operador de milagres como foram os discípulos no livro de Atos.

Na segunda-feira seguinte à sexta-feira após termos terminado o ensino, Deus, de maneira sobrenatural, enviou à nossa escola um missionário que não sabia nada a respeito do nosso ministério por vídeo, e nós lhe ministramos catorze horas de ensino sobre como curar os doentes.

Na terça-feira, Deus mandou outro missionário! Nós também lhe demos um conjunto completo de vídeos de ensino. Ele tinha um toca-fitas na África, mas precisava muito de fitas. Duas semanas depois, ele nos telefonou e contou que havia alugado um prédio na Tanzânia (antiga Tanganica), que poderia abrigar cerca de 300 pessoas, e, após a inserção de um pequeno anúncio no jornal, multidões foram ouvir o ensino. Muitas pessoas foram curadas ao assistir àquelas fitas, e 18 delas foram salvas e batizadas nas águas no domingo seguinte!

Em apenas dois ou três meses, escolas de vídeo foram iniciadas entre católicos carismáticos de Lima, capital do Peru, na Bolívia, nas Filipinas e em três outros países da África. Pedidos estão chegando de todas as partes do mundo em relação a essa série em especial de vídeo tratando do "como fazer" a cura!

Logo depois disso, num seminário de cura em Kansas, o pastor Fred Kirkpatrick mencionou uma profecia sobre o fim dos tempos que literalmente fez explodir a nossa fé como uma confirmação de que parte deste ensino atuará no que acreditamos ser o fim dos tempos antes da vinda de Jesus aos que o amam e lhe obedecem.

O nosso livro estava pronto para a gráfica, com exceção da introdução, quando contatamos o editor de um livro intitulado *Pertinent Prophecies I* [Profecias pertinentes I], de John M. e Dorothea M. Gardner, e recebemos permissão para reimprimir a seguinte profecia, dada por Tommy Hicks, notável evangelista, em 1961.

Visão do corpo de Cristo e dos ministérios dos últimos tempos

A minha mensagem começa em 25 de julho, por volta das 2h30 da manhã, em Winnipeg, Canadá. Eu mal havia adormecido quando a visão e a revelação de Deus vieram a mim. A visão veio três vezes, exata e em detalhes, na manhã de 25 de julho de 1961. Fiquei tão agitado e comovido pela revelação que isso mudou por completo a minha perspectiva sobre o corpo de Cristo e sobre os ministérios dos últimos tempos.

A maior coisa que a igreja de Jesus já recebeu está bem à nossa frente. É muito difícil ajudar homens e mulheres a perceberem o que Deus está tentando dar a seu povo no fim dos tempos.

Várias semanas atrás, recebi uma carta de um dos nossos evangelistas nativos da África, em Nairóbi. Esse homem e sua esposa estavam se dirigindo a Tanganica. Eles não sabiam ler nem escrever, mas nós os havíamos apoiado durante dois anos. Quando eles entraram no território de Tanganica, depararam com um pequeno vilarejo. Todo o vilarejo estava sendo evacuado em razão de uma praga que atingira o lugar. O evangelista encontrou alguns nativos chorando e perguntou o que havia de errado.

Eles lhe disseram que a mãe e o pai deles haviam morrido repentinamente, e isso ocorrera havia três dias. Eles tinham de ir embora; estavam com medo de entrar e por isso deixaram os pais mortos na cabana. O evangelista perguntou onde exatamente os pais estavam. Os nativos apontaram para a cabana, e o evangelista lhes pediu que o acompanhassem, mas eles se recusaram. Estavam com medo de ir.

O evangelista e sua esposa foram à pequena cabana e entraram no local onde estavam o homem e a mulher mortos havia três dias. Ele simplesmente estendeu a mão em nome do Senhor Jesus Cristo, pronunciou o nome do homem e da mulher e disse:

— Em nome do Senhor Jesus Cristo, eu ordeno que a vida retorne aos seus corpos.

Instantaneamente aquelas duas pessoas pagãs, que nunca haviam conhecido Jesus Cristo como seu Salvador, sentaram-se e começaram a louvar a Deus. O Espírito e o poder de Deus entraram na vida daquelas pessoas.

Para nós, isso pode parecer um fenômeno, mas é o começo dos ministérios do fim dos tempos. Deus tomará os insignificantes, os desconhecidos, os desconsiderados. Ele usará cada homem e mulher e lhes dará o derramar do Espírito de Deus.

No livro de Atos, lemos: "Nos últimos dias, diz Deus, derramarei do meu Espírito sobre todos os povos" (Atos 2.17a). Eu me pergunto se percebemos o que significa Deus ter dito: "derramarei do meu Espírito sobre todos os povos". Acho que não captei nem compreendi a plenitude disso tudo, então eu li o livro de Joel:

> Ó povo de Sião, alegre-se
> e regozije-se no Senhor,
> o seu Deus,
> pois ele dá a vocês as chuvas de outono,
> conforme a sua justiça.
> Ele envia a vocês muitas chuvas,
> as de outono e as de primavera,
> como antes fazia (Joel 2.23).

Não será apenas a chuva, a chuva do outono e a da primavera, mas ele dará a seu povo nos últimos dias uma porção dupla do poder de Deus!

Tive uma visão depois enquanto estava dormindo; de repente, vi-me a uma grande distância no alto. Onde eu estava, não sei. Mas eu olhava para baixo, sobre a terra. De repente, toda a terra entrou no meu campo de visão. Cada nação, cada família, cada língua apareceu diante da minha vista desde o leste até o oeste, do norte ao sul. Reconheci cada país e cada cidade onde estivera antes. Eu estava quase tremendo ao contemplar a grande visão diante de mim, e, naquele momento em que o mundo surgiu, começaram relâmpagos e trovões.

Quando o relâmpago brilhou sobre a face da terra, baixei o olhar e me vi de frente para o norte. De repente, vi o que parecia ser um enorme gigante e, ao fixar a vista, fiquei perplexo com a visão. Ele era gigantesco, muito grande mesmo. Seus pés pareciam chegar ao Polo Norte, e sua cabeça, ao Polo Sul. Seus braços estavam esticados de mar a mar. Eu mal podia começar a entender se aquilo era uma montanha ou um gigante, mas, enquanto observava, vi de repente um imenso gigante. Pude notar que sua cabeça estava lutando pela vida. Ele queria viver, mas seu corpo estava coberto de detritos da cabeça aos pés, e às vezes esse imenso gigante movia o corpo e agia como se fosse levantar. E, quando o fazia, milhares de pequenas criaturas pareciam escapar. Criaturas horríveis fugiam desse gigante e, quando ele ficava calmo, elas retornavam.

De repente, o imenso gigante ergueu a mão em direção ao céu, e depois levantou a outra mão, e, quando o fez, criaturas aos milhares pareciam fugir do gigante e entrar na escuridão da noite.

Lentamente, o imenso gigante começou a se erguer e, à medida que o fazia, sua cabeça e suas mãos chegaram até as nuvens. Ao levantar-se, pareceu que ele havia se limpado dos detritos e imundícies que estavam sobre seu corpo, e então ele começou a levantar as mãos para o céu, como se louvando ao Senhor, e, ao levantar as mãos, elas chegaram às nuvens.

Repentinamente, cada nuvem se tornou prata, a prata mais bela que já vi. Enquanto eu assistia a esse fenômeno, tão grande que eu mal podia entender o que significava, fiquei muito agitado e clamei ao Senhor: "Ó, Senhor, qual é o significado disso tudo?". Então senti como se estivesse realmente no Espírito e pudesse sentir a presença do Senhor, mesmo dormindo.

Então, daquelas nuvens, de repente, vieram grandes gotas de luz líquida chovendo sobre aquele poderoso gigante e, lentamente, o gigante começou a se derreter, a afundar na própria terra. Enquanto se derretia, toda a sua forma pareceu ter se dissolvido sobre a face da terra, e uma grande chuva começou a cair. Gotas líquidas de luz começaram a inundar a face da terra, e, enquanto eu observava o gigante que parecia se derreter, de repente ele se transformou em milhões de pessoas sobre a face da terra. Enquanto eu contemplava a visão diante de mim, as pessoas se levantavam por todo o mundo! Elas levantavam as mãos e louvavam ao Senhor.

Naquele exato momento, um grande trovão pareceu ribombar das nuvens. Voltei os olhos para os céus e, de repente, vi uma figura de branco, um branco cintilante — a coisa mais gloriosa que eu jamais havia visto em toda a minha vida. Não vi a face, mas, de alguma forma, eu sabia que era o Senhor Jesus Cristo. Ele estendeu a mão e, ao fazê-lo, a estendia a um, a outro e a outro. Quando ele estendeu a mão sobre as nações e os povos do mundo — homens e mulheres —, ao apontar para eles, a luz líquida pareceu fluir de suas mãos, e uma poderosa unção de Deus veio sobre aquelas pessoas, que começaram a sair em nome do Senhor.

Não sei quanto tempo fiquei observando. Pareceu terem se passado dias e semanas e meses. E observei esse Cristo quando ele continuou a estender a mão, mas houve uma tragédia. Muitas pessoas a quem ele estendeu a mão recusaram a unção de Deus e seu chamado. Vi homens e mulheres que eu conhecia. Pessoas que eu achava que certamente receberiam o chamado de Deus. Mas, quando ele estendeu a mão na direção desse ou daquele, eles simplesmente curvaram a cabeça e começaram a se afastar. E cada um daqueles que curvou a cabeça se afastou, parecendo entrar nas trevas. A escuridão pareceu engoli-los, envolvendo-os.

Ao observar aquilo, fiquei aturdido, mas aos que ele havia ungido — centenas de milhares de pessoas do mundo todo, da África, Inglaterra, Rússia, China, América, do mundo todo — a unção de Deus estava sobre essas pessoas quando elas foram em frente em nome do Senhor. Vi aqueles homens e mulheres saindo. Eram escavadores de fossas, lavadeiras, homens ricos, homens pobres. Vi pessoas presas a paralisias, doentes, cegos e surdos. Quando o Senhor se estendeu para lhes dar essa unção, elas ficaram bem, ficaram curadas e seguiram em frente!

E este é o milagre, o glorioso milagre: aquelas pessoas podiam estender as mãos exatamente como o Senhor fez, e era como se houvesse esse mesmo fogo líquido nas mãos delas. Ao estenderem as mãos, elas diziam: "De acordo com a minha palavra, seja restaurado".

Enquanto aquelas pessoas continuavam naquele poderoso ministério do fim dos tempos, eu não conseguia perceber plenamente o que aquilo queria dizer. Então olhei para o Senhor e perguntei:

— Senhor, qual é o significado disso?

Ele respondeu:

— Isso é o que eu farei nos últimos dias. Vou restaurar tudo o que o verme, o gafanhoto e a lagarta destruíram. Esse meu povo sairá no fim dos tempos. Como um poderoso exército, ele varrerá a face da terra.

Como eu estava a uma grande altura, podia contemplar o mundo todo. Eu observava aquelas pessoas indo de um lado para o outro sobre a face da terra. De repente, houve um homem na África e, num momento, ele foi transportado pelo Espírito de Deus e talvez estivesse na Rússia, na China, na América ou em algum outro lugar. Aquelas pessoas foram ao mundo todo e passaram pelo fogo, por pestes e pela fome. Nem fogo nem perseguição, nada parecia impedi-las.

Multidões furiosas vieram contra elas com espadas e armas de fogo. E, como Jesus, elas passaram por multidões que não puderam encontrá-las; elas avançaram em nome do Senhor e, para onde quer que estendessem as mãos, os doentes eram curados, os olhos dos cegos eram abertos. Não havia oração longa e, depois de eu repassar a visão muitas vezes na minha mente, e de pensar sobre ela muitas vezes, dei-me conta de que não vira uma única igreja, nem ouvira falar de nenhuma denominação, mas aquelas pessoas estavam indo em nome do Senhor dos Exércitos. Aleluia!

À medida que marchavam como se tudo fizesse parte do ministério de Cristo no fim dos tempos, aquelas pessoas ministravam a multidões sobre a face da terra. Milhares de milhares, até mesmo milhões, pareciam vir ao Senhor Jesus Cristo conforme aquelas pessoas avançavam e entregavam a mensagem do Reino, do reino vindouro, nesta última hora. Foi glorioso, mas parece que havia os que se rebelavam e, zangados, tentavam atacar os obreiros que estavam apresentando a mensagem.

Deus está dando ao mundo nesta última hora uma demonstração de uma forma que o mundo nunca viu. Aqueles homens e mulheres eram de todas as esferas da vida, e títulos acadêmicos ou status sociais nada significarão. Vi aqueles obreiros quando eles estavam indo sobre a face da terra. Quando um cambaleava e caía, outro vinha e o levantava. Não era algo como "Eu sou grande" e "Você é pequeno", mas toda montanha era rebaixada, e todo vale era exaltado, e todos pareciam ter uma coisa em comum — havia um amor divino, um amor divino que parecia fluir daquelas pessoas quando elas trabalhavam e viviam juntas. Foi a mais gloriosa visão que eu jamais tivera. Jesus Cristo era o tema da vida deles. Eles continuaram fazendo a mesma coisa, e parecia que os dias passavam enquanto eu contemplava aquela visão. Eu podia apenas chorar e, às vezes, sorrir. Foi maravilhoso ver aquelas pessoas saindo pela face de toda a terra neste fim dos tempos.

Enquanto eu observava do céu, houve momentos em que dilúvios daquela luz líquida pareciam cair sobre algumas congregações, então, a congregação levantava as mãos e aparentemente louvava a Deus durante horas e até dias enquanto o Espírito de Deus vinha sobre ela. Deus disse: "Derramarei do meu Espírito sobre todos os povos", e foi exatamente isso o que aconteceu. E a todo homem e a toda mulher que receberam esse poder e essa unção de Deus, parecia não haver fim para os milagres de Deus.

Falamos sobre milagres. Falamos sobre sinais e maravilhas, mas não pude deixar de chorar enquanto lia de novo esta manhã, às 4 horas, a carta dos nossos obreiros nativos. Essa é apenas a evidência do começo para um homem, um "desconhecido", que iria estender a mão e dizer: "Em nome do Senhor Jesus Cristo, ordeno que a vida flua para o seu corpo". Dobrei os joelhos e comecei a orar novamente: "Senhor, sei que isso irá acontecer, e creio que será logo!".

Então, novamente, quando aquelas pessoas estavam saindo sobre a face da terra, uma grande perseguição parecia vir de todos os lados. De repente, outro grande estrondo de trovão pareceu ressoar no mundo todo e ouvi novamente a voz que pareceu dizer: "Este é o meu povo. Esta é a minha amada noiva". Quando a voz falou, olhei sobre a terra e pude ver os lagos e as montanhas. As sepulturas se abriram, e pessoas de todo o mundo, os santos de todas as épocas, pareceram se levantar. Quando eles se levantaram das sepulturas, de repente, todas aquelas pessoas vieram de todas as direções. De leste a oeste, de norte a sul, elas pareciam estar novamente formando aquele corpo gigantesco. De que maneira o que estava morto em Cristo pareceu levantar-se primeiro, eu mal podia compreender. Foi maravilhoso. Era muito além de qualquer coisa que eu jamais havia sonhado ou imaginado.

Quando, porém, aquele corpo de repente começou a se formar, assumiu novamente a forma de um poderoso gigante, mas dessa vez foi diferente. Ele estava vestido de branco, o mais lindo branco. Seus trajes eram sem mancha nem ruga quando seu corpo começou a se formar, e as pessoas de todas as épocas pareciam estar reunidas em seu corpo. Lentamente, quando ele começou a se formar nos céus, de repente, acima dos céus, veio o Senhor Jesus e tornou-se a cabeça, e ouvi outro estrondo de trovão que disse: "Esta é a minha amada noiva por quem eu tenho esperado. Ela virá mesmo que provada pelo fogo. Esta é aquela que eu amei desde o começo dos tempos".

Enquanto eu assistia à cena, os meus olhos repentinamente se voltaram para o extremo norte, e vi uma aparente destruição: homens e mulheres angustiados e clamando e edifícios sendo destruídos.

Então ouvi novamente, e uma quarta voz disse: "Agora é a minha ira sendo derramada sobre a face da terra". Desde as extremidades do mundo todo, a ira de Deus pareceu ser derramada; parecia que grandes frascos da ira de Deus estavam sendo derramados sobre a face da terra. Posso me lembrar disso como se tivesse ocorrido um momento atrás. Eu me agitei e tremi ao contemplar a terrível visão de cidades e nações inteiras sendo destruídas.

Eu podia ouvir os choros e gemidos. Eu podia ouvir as pessoas chorando. Elas pareciam lamentar quando entravam em cavernas, mas as cavernas nas montanhas se abriam.

Elas pulavam na água, mas a água não as afogava. Não havia nada que pudesse destruí-las. Elas queriam tirar a própria vida, mas não conseguiam.

Então novamente voltei os olhos para a maravilhosa visão daquele corpo vestido de belas roupas brancas e brilhantes. Lentamente, ele começou a se levantar da terra e, quando se levantou, eu acordei. Que visão maravilhosa eu havia contemplado! Eu tinha visto os ministérios do fim dos tempos — da última hora. No dia 27 de julho, às 2h30 da manhã, a mesma revelação, a mesma visão ocorreu de novo, exatamente como havia acontecido.

A minha vida mudou quando me dei conta de que estamos vivendo no fim dos tempos, porque no mundo todo Deus está ungindo homens e mulheres com esse ministério. Não será doutrina. Não será "igrejismo". Será Jesus Cristo. Eles entregarão a palavra do Senhor e dirão: "Eu ouvi isso muitas vezes na visão e, de acordo com a minha palavra, será feito".

Ó meu povo, ouça-me. De acordo com a minha palavra, será feito. Nós seremos revestidos de poder e unção de Deus. Não precisaremos pregar sermões; não precisaremos de pessoas nos importunando *agressivamente em público. Não precisaremos depender do homem, nem seremos repetidores de denominações, mas teremos o poder do Deus vivo. Não temeremos o homem, mas iremos em nome do Senhor dos Exércitos!*

Você consegue ver o que nós vemos nessas duas visões que foram dadas em um intervalo de vinte anos?

Capítulo 2

O grande avanço

Fomos designados e comissionados para levar o evangelho a todo o mundo que nos rodeia, e a única maneira de conseguir isso é com milagres exatamente como Jesus fez!

> Jesus realizou na presença dos seus discípulos muitos outros sinais milagrosos, que não estão registrados neste livro. Mas estes foram escritos para que vocês creiam que Jesus é o Cristo, o Filho de Deus e, crendo, tenham vida em seu nome. (João 20.30,31)

Estamos bem no fim desta era, e há uma urgência em todo o corpo de Cristo para preparar o mundo para o breve retorno de Jesus! Precisamos alcançar todas as famílias e tribos e línguas com o sobrenatural.

Como isso pode ser feito? Crendo que o sobrenatural pode ser ensinado! Sentimos no nosso espírito que os povos ao redor do mundo se levantarão para o mover sobrenatural do Espírito Santo e curarão os doentes, expulsarão demônios e apresentarão um Jesus vivo e vital às multidões.

Isso não será limitado aos pastores ordenados, mas incluirá as multidões. Deus nos ungiu e nos dirigiu para apresentar maneiras simples de curar os doentes, maneiras que ele nos vem ensinando nos últimos anos.

Elas têm funcionado para nós, e muitos milhares foram curados. Ensinamos outros a curar os doentes e a expulsar demônios, e isso tem funcionado para eles. E funcionará para você também.

Deus nos disse para apresentar esse ensino ao mundo inteiro! Olhos serão abertos por meio deste livro — olhos espirituais obscurecidos pela tradição verão as escamas caindo quando receberem nova percepção concernente ao poder de Deus em curar. Deus nunca teve a intenção de que a cura fosse complicada. Ele a fez muito simples, mas o homem tende a torná-la difícil. Jesus, o Grande Médico, deu-nos o trabalho de cura terrena e disse que os que crerem imporão as mãos nos doentes e estes ficarão curados. (V. Marcos 16.18.)

É realmente da vontade de Deus que as pessoas sejam curadas? Vejamos.

> Quando ele desceu do monte, grandes multidões o seguiram. Um leproso, aproximando-se, adorou-o de joelhos e disse: "Senhor, se quiseres, podes purificar-me!"
>
> Jesus estendeu a mão, tocou nele e disse: "Quero. Seja purificado!" Imediatamente ele foi purificado da lepra.
> (Mateus 8.1-3)

Sim, é da vontade de Deus que você seja curado! Você não glorifica a Deus andando por aí doente e dizendo: "Estou doente para a glória de Deus". A doença não glorifica a Deus — a cura e a saúde dão glória a Deus! Quando o leproso pediu para Jesus curá-lo, disse: "Senhor, se quiseres, podes purificar-me!".

Qual foi a resposta de Deus?

"Quero. Seja purificado!"

Jesus quer curar você? O que ele disse ao leproso? Ele disse: "Quero"! E ele diz a você exatamente o mesmo hoje!

O trecho bíblico citado diz que o leproso foi imediatamente purificado da lepra. Hebreus 13.8 nos diz que "Jesus Cristo é o mesmo, ontem, hoje e para sempre". É da vontade de Deus curar? A resposta de Jesus é afirmativa: "Quero!", isto é, "Sim!".

É realmente da vontade de Deus que curemos os doentes? Vamos analisar isso melhor, porque as pessoas sempre ficam chocadas quando se diz que elas devem curar os doentes. O primeiro pensamento "religioso" que vem à mente é que dizer que é você quem faz a cura não glorifica a Deus e Jesus. Jesus disse com muita clareza na Grande Comissão para impormos as mãos nos doentes, e então ele simplesmente declarou que eles seriam curados. A *Bíblia na Linguagem de Hoje* torna isso ainda mais simples: "Aos que crerem será dado o poder de fazer estes milagres [...] e, quando puserem as mãos sobre os doentes, estes ficarão curados" (Marcos 16.17,18).

Jesus disse:

> "Digo a verdade: Aquele que crê em mim fará também as obras que tenho realizado. Fará coisas ainda maiores do que estas, porque eu estou indo para o Pai. E eu farei o que vocês pedirem em meu nome" (João 14.12,13).

Existem muitas e diferentes formas de curar os doentes. Queremos mostrar neste livro algumas surpresas que Deus mostrou quando nos ensinou como é simples curar os doentes. Curar é simples, de acordo com a Palavra de Deus, mas o ser humano tem tentado complicar as coisas.

Este livro ensinará você a curar os doentes em nome de Jesus de forma que Deus tenha toda a glória! Você aprenderá também que, se um método não funcionar, deverá tentar outro, porque, se Deus quisesse que curássemos somente de uma forma em especial, Jesus não teria curado de tantas maneiras diferentes na Bíblia!

Um pastor observou um amigo nosso operar nos dons do Espírito descritos no capítulo 12 de 1Coríntios. Ele indagou:

— Você pode me dar algumas pistas que me ajudem a conseguir operar nesses dons?

O nosso amigo respondeu:

— Charles e Frances Hunter me ensinaram.

Surpreso, ele retrucou:

— Você quer dizer que o sobrenatural pode ser ensinado?

— Sim, pode!

Aquele pastor foi a um seminário de três dias no qual ensinamos a desenvolver os dons do Espírito. Em seguida, ele voltou para casa e começou a operar em todos os nove dons e a ensinar outros pastores que trabalhavam com ele. Isso funciona!

Visitamos um oftalmologista que acabara de instalar uma peça de equipamento com a qual um raio *laser* poderia ser direcionado para o olho do paciente. Ele nos explicou que, se houvesse um pequeno orifício no olho, ele poderia direcionar esse raio *laser* para o ponto exato do orifício, acionar um botão, e — *zap!* — o orifício seria fechado!

Não era o oftalmologista que fechava o orifício. Não era seu toque curador que realizava a cura. Era o raio *laser*, direcionado pela mão habilidosa do médico.

Foi um *laser* — uma força, uma energia, um poder — que fez a cura real. Mas o oftalmologista ainda foi o médico que aplicou a energia que realizou a cura!

Quando a mulher com um fluxo de sangue tocou no manto de Jesus e foi curada, Jesus disse que sentiu ter saído de seu corpo virtude curadora, ou poder. (V. Marcos 5.30.)

Jesus foi o Grande Médico que aplicou o poder do Espírito Santo para realizar aquela cura poderosa, assim como fez o oftalmologista.

O Espírito Santo é um professor completo, e ele nunca para de ensinar alguém que esteja disposto a aprender e aplicar o ensino para a glória de Deus!

Curar os doentes é emocionante! É o desejo de Jesus! É da vontade de Deus! E, para o crente cheio do Espírito, é algo natural!

Por que mais pessoas não curam os doentes? "Meu povo foi destruído por falta de conhecimento" (Oseias 4.6). Este livro dará o conhecimento de que você precisa para curar os que estão ao seu redor e ir ao mundo inteiro curar os doentes.

Há um lindo trecho das Escrituras que, acreditamos, todos deveriam ler. Todos deveriam ler esse versículo, e todos deveriam praticá-lo! Ele se encontra em Êxodo 14.15: "Disse então o Senhor a Moisés, 'Por que você está clamando a mim? Diga aos israelitas que sigam avante'".

É isso o que Deus está dizendo a você: "Pare de orar e se movimente; avante, marche!".

Vamos fazer esse grande avanço e aprender a operar no sobrenatural!

Capítulo 3

A imposição de mãos

Frances

Provavelmente cada pessoa com um ministério de cura tem sua forma favorita de curar os doentes. Charles gosta de uma maneira; eu gosto de outra. O meu método favorito está resumido em Marcos 16.17,18, onde Jesus diz:

> "Estes sinais acompanharão os que crerem: em meu nome expulsarão demônios; falarão novas línguas; pegarão em serpentes; e, se beberem algum veneno mortal, não lhes fará mal nenhum; imporão as mãos sobre os doentes, e estes ficarão curados".

Parece-me que a maneira mais simples de curar os doentes é pela imposição de mãos.

Se você observar, Jesus não disse: "Aqueles que crerem em mim imporão as mãos nos doentes; orarão por meia hora; desenvolverão tremendas emoções; rolarão no chão; chutarão, gritarão e berrarão". Não; ele disse simplesmente: "Os que crerem imporão as mãos sobre os doentes, e estes ficarão curados".

Você notará que a Bíblia não deixa nenhuma dúvida. Ela não diz "alguns de vocês" ou "apenas alguns dos que crerem", mas todos os que crerem serão capazes de impor as mãos nos doentes e ver sua recuperação.

Os crentes são os que estão qualificados para curar os enfermos! Mas o que é um crente? Crente é o que crê que Jesus é o divino Filho de Deus e o nosso Redentor. Crente é também aquele que crê que pode expulsar demônios, que fala numa língua espiritual, que acredita que pode lidar com Satanás e seus demônios, e que crê que pode impor as mãos nos doentes e curá-los. Precisamos crer em todos os sentidos, se quisermos que tudo o que dizem as Escrituras funcione!

Você precisa crer na cura divina, se deseja que sinais, milagres e maravilhas sigam a sua pregação da Palavra.

Você precisa crer que a cura é para hoje, ou então os doentes não serão curados quando você impuser as mãos neles.

Você precisa crer que foi comissionado pelo próprio Senhor Jesus Cristo para expulsar demônios, ou jamais você os expulsará!

O maior ministério que Charles e eu temos é provavelmente na área de cura, e a razão para isso é que nunca tivemos medo de ir e fazer coisas às quais Deus nos chamou para fazer.

Às vezes, temos experimentado algum medo. Embora a Bíblia liste muitas formas de curar os doentes, há novos métodos que você pode explorar, por meio dos quais Deus abrirá um tremendo ministério.

— Mas — você pode dizer — isso não está escrito na Bíblia.

João disse:

> Jesus fez também muitas outras coisas. Se cada uma delas fosse escrita, penso que nem mesmo no mundo inteiro haveria espaço suficiente para os livros que seriam escritos (João 21.25).

Precisamos entender que, embora jamais devamos nos afastar dos princípios da Bíblia, podemos ver muitos tipos de milagres que não estão especificamente descritos nela. Estes são ainda bíblicos, porque estão sob a autoridade de passagens como Marcos 11.23 e 16.18.

A primeira maneira pela qual Jesus curou durante seu ministério terreno foi tocando as pessoas, ou seja, pela "imposição de mãos". "Tocar" ainda funciona hoje!

Um dos milagres mais singulares do qual me recordo aconteceu quando eu estava descendo o corredor de uma igreja. Deus me pressionou para sair e tocar o alto da cabeça de uma mulher. A mulher tinha câncer na língua. Aquele pequeno toque, liberando o poder de Deus, a curou totalmente do câncer. Sua língua ficou completamente restaurada!

Quando qualquer crente cheio do Espírito Santo impõe as mãos em alguém, o poder de Deus sai desse crente e entra na outra pessoa. Se você está cheio do Espírito, tem exatamente o mesmo poder da ressurreição que livrou Jesus Cristo da sepultura — o poder do Espírito Santo. Você tem esse poder residindo em você o tempo todo! Você não precisa trabalhar alguma emoção para que isso aconteça. Não senti nada, a não ser alegria, quando passei por aquele corredor, mas o poder de Deus estava agindo, porque pode ser usado a qualquer tempo, sinta-o você ou não!

Em outra ocasião, ao passar pelo corredor lateral da igreja, toquei em um homem que tinha diabetes. Ele foi instantaneamente curado! Só ouvi falar sobre essas curas anos depois, por isso sempre me pergunto quantos outros tiveram a experiência da cura divina através desse método. Em nenhum caso fiz uma "tempestade de oração" ou fiquei emocionalmente agitada. Eu simplesmente os toquei!

O toque faz muito em muitas áreas da nossa vida. Quando Charles e eu estamos juntos, sempre seremos vistos tocando as mãos um do outro. Pode estar acontecendo o culto mais bonito do mundo, mas, quando eu toco a mão de Charles, ou ele toca a minha, de certo modo, de uma maneira linda, aquele toque diz: "Eu te amo". Charles não diz uma palavra. Ele apenas toca a minha mão, e isso significa: "Eu te amo".

Quando criança, alguma vez você caiu e ralou o joelho e então foi correndo até a sua mãe, gritando e chorando? Provavelmente ela apenas o tocou, mas aquele toque fez algo muito especial para você, não fez? Mesmo que você não seja salvo, muito pode ser realizado pelo toque do amor humano.

Quando você esteve se recuperando num hospital, alguém já deu uma palmadinha na sua mão? Isso não foi como se a pessoa dissesse: "Eu te odeio", certo? Aquilo significou: "Tudo vai ficar bem!".

Se você já esteve enlutado, não significou muito quando as pessoas simplesmente o abraçaram ou o afagaram com as mãos, mesmo que não dissessem uma palavra?

Mesmo sem palavras, esse pequeno toque diz: "Eu entendo a sua dor, e o meu coração dói por você".

Precisamos perceber quão importantes são as nossas mãos no ministério de cura. Precisamos estar conscientes da importância do toque!

As estatísticas mostram que os bebês que recebem o mínimo de cuidado tendem a ser inquietos, irritáveis e não tão saudáveis como os bebês bem cuidados e amados. As crianças que são amadas, com as quais se brinca, simplesmente têm uma disposição mais amorosa.

Algumas pessoas podem dizer: "Não é da vontade de Deus curar". Precisamos lembrar que qualquer um que diz isso não conhece as Escrituras.

Um bom texto para lhes apresentar é Atos 10.38, em que Pedro diz:

> "Como Deus ungiu Jesus de Nazaré com o Espírito Santo e poder, e como ele andou por toda parte fazendo o

bem e curando todos os oprimidos pelo Diabo, porque Deus estava com ele".

É da vontade de Deus que todos os seus filhos sejam curados. Deus ungiu Jesus. Qual foi o propósito disso? Deus ungiu Jesus para que ele tivesse o poder de fazer o que Deus queria que ele fizesse. Quando Deus ungiu Jesus, colocou nele o selo de aprovação com o Espírito Santo e com poder. Então "ele andou por toda parte fazendo o bem e curando todos os oprimidos pelo Diabo" (Atos 10.38).

A doença procede do Diabo. Deus pode tomar a doença e dela fazer um milagre, mas não é Deus quem manda a doença a seus filhos que obedecem a seus mandamentos. (V. Deuteronômio 28.)

Tenho ouvido pessoas dizerem: "Deus mandou esta doença para me ensinar algo". Acho difícil acreditar nisso. Deus mandaria algo tão horrível como a doença a seus filhos? Você faria isso aos seus próprios filhos? Pense apenas em quanto Deus nos ama mais do que nós amamos os nossos filhos terrenos! E o Senhor respondeu:

"Haverá mãe que possa esquecer
   seu bebê que ainda mama
e não ter compaixão do filho
   que gerou?
Embora ela possa esquecê-lo,
   eu não me esquecerei de você!" (Isaías 49.15).

Creio que todas as doenças procedem do Diabo, mas Deus pode tomá-las, virar o jogo e transformá-las no maior milagre da sua vida.

No meu caso, foi exatamente isso o que aconteceu. Sofri um acidente de carro em 1964. Um jovem bateu na traseira do meu carro, e o choque me fez perder a visão do olho esquerdo. Poderia ter sido uma tragédia horrível, mas Deus a transformou na melhor coisa que já me aconteceu porque, como resultado, encontrei Jesus! Deus tomou o que o Diabo havia feito e mudou tudo! Após ter fugido de Jesus durante quarenta e nove anos, finalmente eu o aceitei!

Deus não fez aquele acidente acontecer. Deus não me fez perder a visão daquele olho; Deus não teve nada que ver com parte daquilo. Mas Deus tomou aquela circunstância e a transformou num milagre!

Outro texto realmente bom é 1João 3.8: "Para isso o Filho de Deus se manifestou: para destruir as obras do Diabo". Jesus não foi mandado à terra para criar problemas; ele foi mandado para destruir exatamente as obras do próprio Diabo.

Em Lucas 4.18, Jesus proclama:

> "O Espírito do Senhor
>   está sobre mim,
>   porque ele me ungiu
>   para pregar boas-novas
>   aos pobres.
>   Ele me enviou
>   para proclamar liberdade
>   aos presos
>   e recuperação da vista
>   aos cegos,
>   para libertar os oprimidos".

Como Jesus, nós fomos ungidos para pregar o evangelho. Não importa onde estejamos, se tivermos o ministério de cura ou algum outro ministério, seremos sempre ungidos para pregarmos o evangelho. Essa é uma unção permanente! Não é preciso dizer:

"Ó Senhor, unge-me novamente". Você foi ungido e designado, e é por isso que pode saber que a unção de Deus está sobre você. Sabemos que fomos enviados para fazer as mesmas coisas que Jesus Cristo fez quando esteve na terra.

Há muitos exemplos no livro de Marcos sobre como Jesus curou pessoas. Leia Marcos, e depois leia todos os Evangelhos, procurando responder a uma única pergunta: Como Jesus curou os doentes?

Marcos 1.40-42 diz como Jesus simplesmente "tocou" o leproso. Jesus apenas impôs-lhe as mãos, e o homem foi curado.

> Enquanto Jesus ainda estava falando, chegaram algumas pessoas da casa de Jairo, o dirigente da sinagoga. "Sua filha morreu", disseram eles. "Não precisa mais incomodar o mestre!"
>
> Não fazendo caso do que eles disseram, Jesus disse ao dirigente da sinagoga: "Não tenha medo; tão somente creia".
>
> E não deixou ninguém o seguir, senão Pedro, Tiago e João, irmão de Tiago. Quando chegaram à casa do dirigente da sinagoga, Jesus viu um alvoroço, com gente chorando e se lamentando em alta voz. Então entrou e lhes disse: "Por que todo este alvoroço e lamento? A criança não está morta, mas dorme". Mas todos começaram a rir de Jesus. Ele, porém, ordenou que eles saíssem, tomou consigo o pai e a mãe da criança e os discípulos que estavam com ele e entrou onde se encontrava a criança. (Marcos 5.35-40)

Você observará que Jesus tirou os incrédulos da sala, porque a descrença pode interferir ou até mesmo interromper a cura. Marcos nos diz:

> Mas todos começaram a rir de Jesus. Ele, porém, ordenou que eles saíssem, tomou consigo o pai e a mãe da criança e

os discípulos que estavam com ele e entrou onde se encontrava a criança. Tomou-a pela mão e lhe disse: "Talita cumi!", que significa "menina, eu ordeno a você, levante-se!" Imediatamente a menina, que tinha doze anos de idade, levantou-se e começou a andar. Isso os deixou atônitos (Marcos 5.40-42).

Jesus tocou a mão da menina. No exato momento em que Jesus tocou sua mão, a vida retornou a ela.

Nesse episódio, Jesus pôs em ação dois princípios de fé: (1) Ele tocou e (2) ele falou. Ele deu uma ordem para ela levantar. Talvez, se ele não tivesse dito uma palavra, a menina nunca tivesse se levantado daquela cama. Talvez, se ele apenas tivesse tocado nela sem dizer uma única palavra, nada teria acontecido. Mas Jesus deu uma ordem. Ele disse: "Levante-se", e ela se levantou, embora estivesse morta. Ela não permaneceu lá como se dissesse: "Estou morta; não posso fazer isso!". Ela se levantou!

Em Marcos 7.32-35, lemos sobre um episódio em que Jesus curou um surdo:

> Ali algumas pessoas lhe trouxeram um homem que era surdo e mal podia falar, suplicando que lhe impusesse as mãos.
>
> Depois de levá-lo à parte, longe da multidão, Jesus colocou os dedos nos ouvidos dele. Em seguida, cuspiu e tocou na língua do homem. Então voltou os olhos para o céu e, com um profundo suspiro, disse-lhe: "Efatá!", que significa "abra-se!" Com isso, os ouvidos do homem se abriram, sua língua ficou livre e ele começou a falar corretamente.

Você percebe o que Jesus fez? Ele separou o homem da multidão e colocou os dedos em cada um de seus ouvidos. (Tocou nele!) Então ordenou que aqueles ouvidos se abrissem.

Jesus curou aqueles ouvidos pelo toque, pelo poder do Espírito Santo. Há muitas formas de curar os ouvidos, mas uma das melhores que conheço é apenas tocar os ouvidos de alguém e crer que o poder de Deus passará por seus dedos!

Certa noite, em uma reunião no Colorado, tivemos uma palavra de conhecimento sobre a cura de ouvidos e, quando tocamos os ouvidos dos doentes, 38 das 39 pessoas presentes foram instantaneamente curadas. Há poder no toque!

Num culto em Ames, Iowa, uma criança pequena foi levada à frente, e seus pés estavam tão ruins que ela parecia horrivelmente aleijada. Peguei um pé da criança em cada mão e, enquanto os segurava, eles se endireitaram por completo! Tive a emoção de ver um milagre acontecendo. Acho que eu nem sequer disse uma palavra. Apenas toquei a criança e comecei a sentir a estrutura óssea mudar nas minhas mãos.

Não houve oração. Não foi dada uma ordem. Foi uma cura pela imposição de mãos!

Nós compartilhamos esses exemplos pessoais com você porque queremos elevar a sua fé a ponto de você pensar: "Uau! Eu também posso fazer isso!".

Deus sempre irá curar mais de uma pessoa com a mesma enfermidade na mesma reunião, mas de formas diferentes. Tivemos uma palavra de conhecimento certa noite relacionada ao estrabismo, e três crianças foram à frente. Uma foi curada ao ir à frente. A segunda foi curada quando colocamos as mãos sobre seus olhos. Quando retiramos as mãos, o olho "arqueou" e ficou no lugar correto.

À terceira criança, dissemos:

— Olhos, abram-se em nome de Jesus!

A criança foi curada por uma ordem. A mesma enfermidade, três formas diferentes de cura!

Às vezes, as pessoas virão aos nossos cultos e dirão: "Charles e Frances podem realmente sair e curar os enfermos. Eles apenas impõem as mãos, e as coisas acontecem!".

Charles e Frances Hunter não têm poder mais do que você! Mas existe algo que pode ser um pouco diferente sobre nós: usamos esse poder mais do que a maioria das pessoas o faz. Somos duas pessoas das mais persistentes do mundo, porque não desanimamos como a maioria. Antes de recebermos o batismo, impusemos as mãos em cerca de 10 mil pessoas, e talvez algo como dez delas tenham sido curadas!

Éramos persistentes, mas não percebíamos que precisávamos do batismo com o Espírito Santo.

Você também precisa ser persistente! Se você impõe as mãos em alguém e nada acontece, tente outra vez! Imponha as mãos na pessoa. Se nada acontecer, não desista! Às vezes, Charles e eu ministramos à mesma pessoa de até cinco maneiras diferentes. Tentamos ordenar, impor as mãos e expulsar demônios. Finalmente, a persistência tem êxito, e vemos o indivíduo curado!

E se tivéssemos dito à primeira pessoa que não foi curada: "Acho que esta não é a sua noite"? Essa pessoa poderia nunca ter sido curada! Mas continuamos sendo persistentes e perseveramos ao explorar diferentes áreas não descritas por completo na Palavra de Deus.

Isto é o que Deus quer que cada crente faça: caminhe na fé e comece a impor as mãos nos doentes, acreditando que eles vão se recuperar.

Sabe por que espero que o doente se recupere quando imponho as mãos nele? Porque creio, sem sombra de dúvida, que Jesus Cristo vive em mim e por meio de mim. Se eu não cresse nisso, não haveria como as pessoas serem curadas quando imponho as mãos nelas.

Em todas as suas epístolas, Paulo pregou: "Cristo em vocês, a esperança da glória" (Colossenses 1.27). Paulo nunca retratou Jesus como se ele estivesse fora de um cristão, arrastando-o e dizendo: "Vamos, farei você colocar as mãos sobre os doentes. E o farei curá-los!".

Porque a Palavra de Deus diz, precisamos crer que Jesus Cristo vive em nós e por meio de nós! Para mim, a coisa mais animadora do mundo é saber que o corpo físico que você vê ao olhar para mim é o corpo que foi dado a Frances Hunter, mas a pessoa que vive dentro dele é Jesus Cristo!

Quando você perceber completamente que Jesus vive dentro de você, isso o transformará por completo. Então, um dia, você se dará conta de que, ao impor as mãos, na verdade o que está agindo são as mãos de Jesus Cristo!

Jesus disse: "Aquele que crê em mim fará também as obras que tenho realizado. Fará coisas ainda maiores do que estas, porque eu estou indo para o Pai" (João 14.12). Quem Jesus deixou na terra para completar sua obra?

Ele nos deixou! Ele nos comissionou para impormos as mãos nos enfermos, usando sua autoridade! Lembre-se, tudo é feito em nome de Jesus! É em nome de Jesus que todos os milagres são feitos, porque Jesus vive em nós e através de nós.

Esse fato não nos torna divinos, mas precisamos realmente conhecer quem somos em Cristo. Quando o Diabo pergunta: "Quem você pensa que é?", você deve ser capaz de responder: "Eu sou filho de Deus. Eu tenho a justiça de Deus em mim. Tenho Jesus vivendo no meu coração. Eu sei quem sou! Não sou um joão-ninguém. Sou alguém que tem Jesus vivendo em mim". Cada crente nascido de novo, cheio do Espírito, é incrivelmente importante porque Jesus está vivendo dentro dele!

Faça algo por mim, certo? Estenda as mãos à sua frente e diga: "Estas são as mãos de Jesus, por isso há poder nas minhas mãos". Levante os pés (não quando estiver em pé) e diga:

"Estes são os pés de Jesus! O poder de Deus passa pelo meu corpo inteiro. Não está limitado às minhas mãos; está nos meus pés, nos meus joelhos, na minha cabeça, está em todo o meu corpo!".

Muitas vezes, em razão do tamanho de um auditório, Charles e eu não temos a oportunidade de orar por todos individualmente numa reunião. Nesse caso, dizemos: "Cada pessoa coloque as mãos sobre si mesma!".

Há poder nas suas próprias mãos para você curar a si mesmo! Por exemplo, há quatro anos, quando estávamos em Melbourne, Austrália, fizemos isso, dizendo: "Coloquem as mãos sobre a parte do seu corpo que estiver doente ou com problema, e Deus irá curar todos vocês!". Naquela noite, Deus derramou o dom da fé sobre nós e, quando voltamos a Melbourne quatro anos depois, o patrocinador da reunião nos contou que todas as pessoas haviam sido curadas pela imposição das mãos em si mesmas. Jamais subestime o poder do Espírito Santo que flui pelas suas mãos!

Em uma reunião recente, impus as mãos em pessoas que tinham dor de cabeça ou enxaqueca, e então disse a uma mulher:

— Apenas coloque as mãos sobre si mesma e diga: "Saia, em nome de Jesus!".

Quando você diz: "Saia, em nome de Jesus", faça isso com autoridade! Não sussurre. Faça o Diabo saber que você tem fé! Aquela mulher disse com grande autoridade: "Saia em nome de Jesus", colocando a mão sobre a própria fronte. Ela então caiu para trás sob o poder de Deus!

A mulher falou com tal autoridade e crença que caiu para trás, e você nunca ouviu um auditório rir assim na sua vida. Quando ela se levantou, disse:

— A minha dor de cabeça desapareceu antes mesmo de eu atingir o chão.

Isso é poder de fato! Isso é crer que há poder nas suas mãos! Agora, vá e faça o mesmo!

Charles

Você já ligou ou desligou um interruptor de luz? Se já o fez, é esperto o suficiente para curar os doentes. Em algum lugar, não muito longe de onde você está, existe um gerador, uma usina elétrica que gera eletricidade.

Essa eletricidade é levada à sua casa através de um cabo que liga uma fonte de poder até sua lâmpada elétrica. A energia que flui da usina elétrica até a lâmpada faz que o filamento da lâmpada ilumine; e a luz é ligada.

Entre a usina e a lâmpada está o interruptor. Esse interruptor tem a finalidade de interromper o fluxo de energia de sua fonte de poder até o destino na lâmpada. Se você acionar a chave "liga", as duas pontas do cabo serão conectadas, e a energia fluirá por ele. Se você acionar "desliga", o cabo será separado, e a energia não poderá continuar a fluir por causa da separação entre a fonte de poder e a lâmpada.

Da mesma forma, o Espírito Santo "em você" é o gerador ou a usina elétrica — a fonte de poder. As suas mãos são a chave "liga e desliga", e a pessoa que precisa de cura é a lâmpada.

Agora, depende totalmente de você ligar ou desligar a energia. A escolha é totalmente sua em curar com "imposição de mãos nos enfermos". O poder de Deus fará a cura, exatamente como a corrente elétrica acenderá a lâmpada. Se você quiser que um quarto escuro fique iluminado, pode ligar o interruptor. Se não quiser, o quarto continuará às escuras. Se você tiver a oportunidade de curar alguém, é o mesmo tipo de escolha; pode impor as mãos nessa pessoa e curá-la, ou pode deixar a pessoa doente!

Se você ainda não recebeu o seu gerador, faça-o agora mesmo! Peça para Jesus batizá-lo com o Espírito Santo. Então levante as mãos a Deus e comece a amá-lo e louvá-lo, mas não na sua língua nativa. Comece produzindo sons de amor rapidamente para que o Espírito Santo possa usar aqueles sons e dar a você a linguagem que fará de qualquer indivíduo uma pessoa extraordinária! Deixe o seu espírito planar ao falar com Deus pela primeira vez! (V. 1Coríntios 14.2.)

Seja um "interruptor" para Jesus, mas certifique-se de estar "ligado" para ele. Permita que isso seja uma parte do seu jeito de ser a luz do mundo. Jesus disse: "Vocês são a luz do mundo" (Mateus 5.14).

Impor as mãos nos enfermos e curá-los é uma forma pela qual Jesus foi a luz do mundo — iluminando o caminho para o perdido encontrá-lo. Ele nos passou essa tarefa terrena e nos deu a virtude da cura — esse poder dinâmico — para que pudéssemos realizar efetivamente toda a sua obra enquanto estivermos na terra.

Não há poder nas nossas mãos carnais, mas há poder quando o Espírito Santo de Deus flui através das nossas mãos!

O nosso corpo físico é feito de pó ou barro. Colocar um pedaço de barro sobre outro pedaço de barro não produzirá nenhum resultado de cura. O que fazemos com as nossas mãos reflete o nosso amor e a nossa compaixão, mas somente o poder de Deus pode curar os enfermos. Como seres humanos, não podemos curar o doente pelo nosso próprio poder.

O nosso corpo tem, entretanto, a capacidade de se curar. Deus nos criou saudáveis e nos deu componentes físicos para conservar a nossa saúde se mantivermos toda a área do nosso corpo físico alinhada com as leis de Deus.

Estivemos ministrando no oeste do Texas quando uma garota de 13 anos me procurou em busca de cura. Ela havia caído na escola um ano antes, e um grande inchaço permanecera no local da queda durante o ano todo. Ainda estava dolorido, e sua mãe estava muito preocupada.

Eu gosto de orar de olhos abertos para não perder os milagres emocionantes. Jesus olhou para cima quando fez o emocionante milagre da multiplicação de pães e peixes em alimento para milhares.

Fiquei de olhos fixos no inchaço e apenas o toquei de leve com o dedo indicador, dizendo: "Em nome de Jesus". O inchaço desapareceu instantaneamente! Estava lá e, depois, não estava mais!

Ao pedir que Jesus perdoe os seus pecados, ele o fará instantaneamente, se foi essa a sua intenção ao pedir. Antes de pedir-lhe, os seus pecados estavam lá; depois, não estão mais, exatamente como o inchaço!

> Jesus realizou na presença dos seus discípulos muitos outros sinais milagrosos, que não estão registrados neste livro. Mas estes foram escritos para que vocês creiam que Jesus é o Cristo, o Filho de Deus e, crendo, tenham vida em seu nome. (João 20.30,31)

Certa noite, uma senhora de cerca de 50 anos veio até mim em busca de cura. Ela havia quebrado o nariz quando tinha 4 anos de idade e ele ficou torto. Deslizei, delicadamente, o meu dedo sobre seu nariz e, diante dos meus olhos, o osso se endireitou instantaneamente.

Meses depois, estávamos jantando com um grupo de pessoas e eu contei essa história. Para demonstrar o que eu havia feito, deslizei meu dedo sobre o nariz da senhora que estava sentada junto a mim. A mãe dela, esposa de um pastor, que estava sentada diante dela, do outro lado da mesa, disse:

— Olhe para o seu nariz — não está mais torto!

A fé havia sido provocada nela pelo relato de um milagre, e o poder entrou em seu nariz pela imposição de um dedo — um milagre do século XX! Glória ao poderoso nome de Deus!

Você notou que a Bíblia não diz: "Imporão as mãos na cabeça dos doentes e os curarão"? Observe as curas que mencionamos, e você verá que as mãos foram colocadas sobre nariz, ouvidos, cabeça, mãos, pés e olhos. Uma vez que é o fluir do poder de Deus que cura o doente, colocamos as nossas mãos o mais perto possível da parte do corpo que precisa de cura. Isso permite que o poder flua diretamente para a parte doente. Quase sempre o poder entra tão poderosamente que, se tocarmos um pé, a pessoa afundará sob o poder de Deus.

Outra sugestão é ficar o mais perto possível da pessoa sendo curada porque o poder realmente flui de todas as partes do seu espírito, através de todas as partes do seu corpo, para a pessoa perto de você. Cremos que muitos estão sendo curados num auditório porque a fé dos crentes faz que o poder do Espírito Santo neles se torne um campo de força que entra naqueles que estão ao redor.

Levo muito a sério qualquer desejo de Jesus ao dar uma ordem vinda de Deus e, por esse motivo, me sinto tão forte que devo impor as mãos nos doentes e curá-los como se estivesse obedecendo a qualquer um dos Dez Mandamentos.

É uma forma que Jesus usou na terra para persuadir o ser humano a crer nele como o Messias, o Salvador. Os discípulos aplicaram a mesma lei, com o mesmo poder que Jesus usou, e nós não somos diferentes dos discípulos. Nem somos diferentes de Jesus quando ele se fez homem durante um curto tempo na terra!

Que privilégio tremendo!

Que impressionante responsabilidade!

Que confiança o nosso Senhor Jesus pôs nas nossas mãos!

Que grande comissão ele nos deu — ser realmente seu corpo trabalhando aqui na terra e fazendo sua boa vontade. Jesus morreu não apenas para salvar o perdido, mas também para curar o doente e libertar os cativos dos males do Diabo.

Fazer a vontade dele é muito fácil. Simplesmente imponha as mãos no doente e creia que esse poder dinâmico sairá do Espírito Santo em você para aqueles que precisam do toque dele através de você.

Se fôssemos levados de volta para os dias em que Jesus viveu na terra e tivéssemos o privilégio de estar com ele, o que faríamos se ele dissesse: "Vá apanhar um peixe, tire a moeda da sua boca e pague os impostos"? Creio que eu iria ultrapassar Pedro para obedecer!

O próprio Jesus pôs em ação essa forma dinâmica de curar o doente e quer que o façamos para libertar a humanidade sofredora, fazendo-a crer nele. Jesus disse: "imporão as mãos sobre os doentes, e estes ficarão curados". Isso foi dito diretamente por Jesus. É parte de sua Grande Comissão. Estas dez palavras foram registradas como as últimas que ele falou enquanto esteve na terra.

Existe uma diferença entre obediência agora e obediência naquela época? Jesus simplesmente diz: "Charles, imponha as mãos nos doentes, e eles serão curados por você, assim como foram por mim. Frances, imponha as mãos nos doentes, e eu os curarei por meio de você também!". Ele diz a mesma coisa a você, por isso deve haver fé em todos nós para obedecer.

A Palavra nos diz que nós, cristãos, somos o corpo de Jesus; por isso, se ele fez isso num corpo dois mil anos atrás, por que deveríamos tentar mudá-lo hoje?

É algo empolgante saber que Jesus vive em nós e através de nós! É irresistível perceber que o mesmo poder do Espírito Santo está sempre disponível dentro de nós para fazer milagres.

Se você não experimentou a emoção de ver Deus curar através das suas mãos, por que não tentar experimentá-la? Comece agora mesmo!

Capítulo 4

A imposição de mãos — e mais!

Frances

Às vezes, usamos mais de um método para curar os doentes. Às vezes, "impomos as mãos" em indivíduos, de acordo com Marcos 16.18, e então acrescentamos a ação de Marcos 11.23,24, que está "dizendo" ou ordenando que algo seja feito. Isso pode ser seguido pela "fé em ação", o "dom da fé", ou até ser morto no Espírito! Você descobrirá com frequência que muitos métodos diferentes estão todos empacotados em uma única cura! Por isso, não pare se um método não curar!

No livro de Marcos, Jesus diz: "Estes sinais acompanharão os que crerem: [...] imporão as mãos sobre os doentes, e estes ficarão curados" (Marcos 16.17,18).

Jesus não nos deu alternativa nessa promessa. Ele não indicou a existência de probabilidade ou possibilidade de cura. Disse que eles ficariam curados; por isso, quando impomos as mãos em alguém, esperamos que seja curado! Cremos no que Jesus disse, e as condições dele são simplesmente aquelas nas quais cremos!

Você pode impor as mãos até em si mesmo, se for o "doente". Eu faço isso!

Se o Diabo começa a me dar dor de cabeça, e não há ninguém por perto para orar por mim, sabe o que eu faço? Imponho as mãos em mim mesma!

A Bíblia não diz: "Os que crerem imporão as mãos nos doentes — e não em si mesmos".

Ela simplesmente diz que os que crerem imporão as mãos nos doentes, e eles ficarão curados. Por isso, imponho as mãos em mim mesma e digo: "Dor de cabeça, saia, em nome de Jesus!".

Muitos cristãos deixam o Diabo roubar-lhes a cura pela dúvida e descrença. Não deixe a dúvida entrar sorrateiramente! No instante em que o Diabo ouvir você ordenar que a enfermidade saia, ele logo entra em ação porque conhece Marcos 11.23 exatamente como você. Ele sabe que você terá tudo quanto disser se apenas não duvidar no seu coração.

Você sabe que tipo de personalidade o Diabo tem? Jesus disse: "Ele foi homicida desde o princípio e não se apegou à verdade, pois não há verdade nele. Quando mente, fala a sua própria língua, pois é mentiroso e pai da mentira" (João 8.44). É da natureza do Diabo mentir e tentar matar você. Especialmente se você tiver uma doença "fatal", a natureza do Diabo é vir com dúvida e descrença depois que você orou, porque ele foi homicida desde o princípio.

Como ele faz isso? Ele diz: "Não funcionou. Você ainda está doente. Afinal, você não parece ter sido curado".

Quero apresentar um maravilhoso exemplo para mostrar como a fé funciona, porque creio que, se pudermos compreender que a Palavra de Deus é realmente verdadeira — se permanecermos na Palavra de Deus (a resposta) e não olharmos para as circunstâncias (o problema) —, então estaremos na direção certa.

Não faz muito tempo, um homem chamado Gene Lilly estava escrevendo um livro sobre como morrer graciosamente.

Gene sabia que *iria* morrer, porque estava paralítico havia dezessete anos e seu médico lhe dissera que ele iria morrer.

Ele tinha esclerose múltipla.

Ele tinha diabetes.
Ele tinha colesterol alto.
Ele tinha alto nível de triglicérides.
Ele tinha tecido cicatricial no cérebro.
Seu corpo estava totalmente comprometido.

Ele tinha ouvido um pastor na TV certa vez, e aquele pastor havia apontado o dedo diretamente para ele e dito: "Aposto que você não vai à igreja por causa dos hipócritas!".

Gene Lilly comentou:

— Está certo! Eu não consigo suportar hipócritas!

Gene disse que o pastor tinha um dedo torto e havia apontado diretamente para a câmera de TV e dito: "Eu vou dizer algo sobre os hipócritas. Pelo menos eles estão fazendo alguma coisa. Você não está fazendo nada!".

Como resultado daquele programa, Gene Lilly aceitou Cristo em seu coração. Então ele pensou: "Bem, glória a Deus, eu vou para o céu quando morrer! Embora eu tenha todo este sofrimento aqui, vou sofrer gloriosamente para Deus e depois vou para o céu para estar com Jesus". Assim, Gene começou a escrever um livro sobre como morrer graciosamente, quando uma voz lhe disse para ir para Orlando, na Flórida.

Gene e sua esposa moravam em Phoenix, Arizona. Eles não sabiam por que Deus lhes dissera para ir a Orlando. Gene havia parado de trabalhar para pregar o evangelho e, sendo os dois muito pobres, tiveram de vender tudo o que possuíam para obter dinheiro para alimentação e combustível, mas foram para Orlando. E, na primeira vez que foram à igreja lá, a mensagem do pastor foi esta: "A cura é para você".

Depois daquele sermão, Gene começou a notar textos sobre cura na Palavra. Um dos textos que o impressionou foi Salmos 107.20: "Ele enviou a sua palavra e os curou, e os livrou da morte".

Outro texto foi Salmos 118.17: "Não morrerei; mas vivo ficarei para anunciar os feitos do Senhor". Ele teve de conferir sua Bíblia para ter certeza de que aquilo estava realmente lá, porque ainda estava escrevendo o livro sobre como morrer graciosamente quando alguém citou o versículo para ele.

Gene abriu a Bíblia, e lá estava! Sua fé começou a aumentar e a aumentar e a aumentar; finalmente, ele começou a pensar: "Uau! Eu poderia ser curado! Eu realmente poderia ser curado! De acordo com a Palavra de Deus, eu poderia ser curado!". Gene chegou ao ponto em que realmente creu que a cura é para hoje.

Infelizmente, muitas pessoas têm dito que a cura não é para hoje. De acordo com alguns, a cura era possível nos dias dos discípulos, mas não hoje; Deus não cura mais. Você já ouviu alguém dizer isso? É uma mentira do Diabo! Se Jesus Cristo curou ontem, ele irá curar hoje. Se ele cura hoje, irá curar amanhã, porque ele nunca mudou e nunca mudará!

O Diabo quer que você acredite em doenças.

Deus quer que você creia na cura!

Gene Lilly continuou lendo a Bíblia e, quanto mais lia, mais cria que a cura é para hoje. Então ele disse de forma impetuosa: "Eu acredito que a cura não é apenas para hoje; eu creio que a cura é para mim!".

Ora, esse é um grande passo para um homem que está escrevendo um livro sobre como morrer graciosamente!

Em seguida, Gene pensou: "Se eu pudesse encontrar alguém que tenha imposto as mãos em doente que foi curado, essa pessoa saberia como fazer a oração da fé por mim".

Alguém deu a Gene um exemplar do nosso livro *Since Jesus Passed By* [Desde que Jesus passou], que conta como Deus nos colocou no ministério de milagres na igreja da Convenção Batista do Sul, em El Paso, Texas. Gene disse: "Ó Deus, se Charles e

Frances Hunter viessem a Orlando, na Flórida, e impusessem as mãos em mim, eu creio que seria curado!".

Claro que Gene Lilly não precisava de Charles e Frances Hunter, mas precisava de um ponto de contato. Ele precisava de algo que liberasse sua fé. Ele apenas dissera a Deus que queria alguém que tivesse imposto as mãos nos doentes para orar por sua recuperação. Ora, ele acabara de ler sobre alguém que tinha de fato pessoas curadas em seu ministério.

A confiança de Gene estava aumentando!

Deus é bom. Logo no dia seguinte, Gene comprou um jornal e lá estava um anúncio que dizia: "Charles e Frances Hunter realizarão um culto de milagres no Hilton Inn, em Orlando, Flórida, ao lado da Disneyworld".

A fé de Gene disparou. Ele literalmente explodiu por causa do que tinha acabado de ler. Ali estava sua oportunidade!

Na noite do culto, a confiança de Gene estava tão forte que disse à esposa:

— Deixe o andador em casa! Deixe as muletas em casa! Deixe tudo em casa, porque serei curado, de modo que você não precisa levar nada disso!

Que maneira de ir a um culto!

Naquela noite, a família de Lilly praticamente o arrastou até o culto. Estávamos operando no dom da palavra de conhecimento (v. 1Coríntios 12.8) e clamamos pela cura para um homem que estava sentado a quatro ou cinco lugares distante dele. O homem se levantou e foi curado de um ouvido surdo. Gene ficou realmente animado com aquilo, pensando: "O próximo sou eu! O próximo sou eu!".

Outra pessoa na fileira de Gene foi curada, e depois outra, e outra; de repente, ele percebeu que o culto de milagres tinha terminado e nós ainda não havíamos imposto as mãos nele.

Gene continuava tão doente como sempre estivera! Estava tão paralisado como quando havia chegado! Tinha tanto diabetes como quando chegara! A esclerose múltipla estava tão ruim como antes!

Então eu disse:

— Agora, se não tivermos mencionado a sua doença numa palavra de conhecimento, quero que você venha à frente para ser curado.

Gene pensou: "Aí está! Aí está!". Com determinação inacreditável, ele se arrastou, cadeira por cadeira, fileira por fileira, até finalmente chegar à frente. Dois assistentes o ajudaram a ficar de pé e o seguraram!

Gene disse:

— Eu tenho diabetes e esclerose múltipla; sou paralítico há dezessete anos; tenho taxa elevada de triglicérides, colesterol alto e tecido cicatricial no cérebro. Estou morrendo!

Eu disse:

— Jesus seja louvado!

E sua fé quase se desmantelou.

Mais tarde, Gene me contou:

— Pensei que você era a mulher mais insensível que eu havia visto em toda a minha vida. Eu digo que estou morrendo, e a senhora responde: "Jesus seja louvado!"? Mas então eu olhei e, quando vi os seus olhos, percebi que, pela primeira vez na minha vida, eu estava olhando para alguém que não limitava o poder de Deus! Quando olhei para a senhora, pude ver que a senhora acreditava que, quando impusesse as mãos em mim, Jesus iria me curar.

Gene estava certo. Gene disse que todas as outras pessoas tinham orado para que Deus lhe desse graça para suportar o sofrimento nesta vida até aquele grande dia de glória, quando então ele iria para Deus. De repente, ele se viu fixando os olhos de uma mulher que não estava limitando Deus. Ele disse:

— Eu não pude crer quando ouvi aquela oração destemida que a senhora fez!

Eu não disse: "Agora, Deus" e passei uma longa lista sobre esclerose múltipla, paralisia, diabetes ou os outros problemas. Eu simplesmente disse: "O que você precisa é uma revisão de Jesus!". Então complementei: "Jesus, faça uma revisão". E com isso coloquei a minha mão na sua cabeça e, mesmo com dois assistentes segurando-o, o poder de Deus foi tão forte que ele caiu de costas!

Gene não pôde sentir os sapatos durante dezessete anos porque seus pés estavam paralisados. De repente, seus pés começaram a doer! Seus sapatos eram pequenos demais, mas ele não sabia disso antes porque não havia sensação neles. Um Gene Lilly soube que Deus havia iniciado uma obra especial em seu corpo!

Depois que orei, Gene lutou para se levantar. Os assistentes o ajudaram a se levantar, e, se Deus não tivesse falado comigo, eu nunca teria dito o que fiz em seguida, porque ele foi rastejando de volta pelo corredor da mesma maneira que havia rastejado até a frente.

Eu disse:

— Talvez não pareça que ele está curado, mas está!

Ele certamente não parecia estar curado! Estava aleijado, paralisado e não parecia nem um pouco melhor do que quando chegara, mas Deus tinha falado ao meu espírito. Eu não deixei o Diabo entrar com dúvida e incredulidade e dizer: "Ele não olha para mim como se estivesse curado. Desculpe-me, pessoal! Talvez ele devesse voltar; e então poderia ser curado!". Eu simplesmente disse: "Talvez não pareça que ele está curado, mas está". Deus me deu o dom da fé e, quando eu disse isso, a fé de Gene Lilly explodiu! Ele acreditava, e continuava a acreditar!

Em doze horas, ele estava andando como um ser humano normal, totalmente curado pelo poder de Deus. Até o diabetes desapareceu. Entretanto, fui muito enfática quando lhe disse a mesma coisa que tentamos dizer a todos: "Se você está tomando medicamentos, continue com a medicação até o médico a suspender". Gene se levantou na manhã seguinte e tomou sua dose usual de insulina, e então quase entrou em choque porque o seu corpo não precisava mais dela. Ele teve de beber quase um galão de suco de laranja e depois comeu barras de chocolate o dia inteiro para compensar a insulina injetada. Foi a última dose de insulina que ele tomou.

O médico de Gene estava fora da cidade na segunda-feira, por isso ele telefonou e marcou uma consulta para a terça-feira. A respeito do fim de semana, ele disse ao médico:

— Eu fui curado no fim de semana.

— Quem o curou? — o médico perguntou.

— Jesus.

— Jesus, quem? — perguntou o médico.

Aleluia! Gene Lilly estava totalmente curado pelo poder de Deus! O que teria acontecido se ele tivesse dito a si mesmo naquela noite: "Bem, acho que não consegui"? Isso é exatamente o que teria acontecido! Ele teria parado no "Acho que não consegui", porque a Bíblia diz que, se crermos, receberemos o que dissermos.

Como Gene foi curado?

Pela imposição de mãos.

Pelo poder do Espírito Santo.

Pelo dom da fé em mim.

Pelo dom da fé em Gene.

Por uma ordem.

Pelo fato de Gene pôr sua fé em ação.

Você pode curar alguém pela imposição de mãos, mas, desde que Jesus usou mais de uma forma para curar os doentes, às vezes é sábio usar mais do que a imposição de mãos!

Charles

Logo depois de ter recebido o batismo com o Espírito Santo, vimos um aumento no número de curas nas nossas reuniões. Quanto mais Deus fazia, mais animados ficávamos e mais falávamos sobre o ministério de milagres! Quanto mais falávamos de milagres, mais milagres Deus realizava!

Certa noite, um homem subiu ao palco. Ele estava apoiado por dois outros homens e se encurvava com dificuldade sobre duas bengalas; não tinha forças para levantar os pés do chão, por isso os arrastava. Perguntamos que enfermidade ele tinha e depois oramos. Ora, não sabíamos naquela época que a oração não era realmente muito usada como meio de cura, porém algo mais foi feito!

Quando terminamos de orar, em vez de dizer: "Louvado seja o Senhor e siga o seu caminho", dissemos: "Pegue suas bengalas e ande!". Ele pegou as bengalas do chão, deslizou os pés para a frente e não caiu! Tentou outro passo e não caiu! Deslizou um pouco mais e ainda não caiu! Eu o tomei pelo braço e comecei a fazê-lo andar um pouco cada vez mais depressa. Então, eu disse:

— Dobre os joelhos ao andar.

Ele começou a dobrar os joelhos, e logo estávamos os dois correndo pelo palco. Ele passou a proclamar:

— Louvado seja o Senhor! Aleluia!

Antes de orarmos, ele falava tão baixo que tivemos de fazê-lo repetir sua enfermidade cinco vezes para podermos compreender! Mas agora não demorou muito, e ele estava gritando tão forte que se podia ouvi-lo do fundo da sala.

O que foi diferente nessa cura?

Nós havíamos realmente imposto as mãos nele, mas também lhe dissemos para andar! Essa foi a primeira vez no nosso ministério que dissemos a uma pessoa para pôr sua fé em ação.

E, glória a Deus, ele reagiu e começou a exercer sua fé. Ele pode não a ter exercido grandemente, mas teve toda a fé de que precisava quando fez o primeiro pequeno esforço para mover os pés e pegar as bengalas.

Jesus fez as pessoas porem a fé em ação!
"Estenda a mão" (Marcos 3.5).
"Levante-se! Pegue a sua maca e ande" (João 5.8).
"Vá lavar-se no tanque de Siloé" (João 9.7).

Nós estamos fazendo a mesma coisa! A fé precisa ser posta em ação. A cura quase sempre ocorre no exato momento em que a pessoa põe sua fé em ação. A imposição de mãos mais fé em ação produz resultados!

Quando alguém me procura com um problema no cotovelo e diz: "Eu me machuquei há dez anos; não consigo dobrá-lo, e ele dói", eu toco o cotovelo (a imposição de mãos) e digo: "Em nome de Jesus", e então rapidamente exorto: "Movimente o seu cotovelo; dobre-o!". Na maioria dos casos, ainda quando as pessoas estão falando o que há de errado com elas, a cura acontece.

Por quê? Porque antes que percam a fé ou me deem tempo para perder a fé, eles já foram curados. Três formas de cura estão envolvidas aqui: a imposição de mãos, mais uma ordem, mais uma ação de fé!

Um vaqueiro, campeão nacional, foi a um dos nossos cultos com um grande problema para um laçador de bezerros. Ele havia machucado gravemente o ombro e não conseguia levantar o braço. Fui rapidamente até ele, toquei seu ombro e disse: "Em nome de Jesus, erga o braço!". Sem ao menos pensar, ele instantaneamente disparou o braço para cima, e a expressão de surpresa em sua face foi inestimável! A fé imediata em ação geralmente produz os resultados desejados porque acontece antes que a dúvida e a descrença vindas do Diabo se insinuem!

Tão emocionante quanto é esse lindo milagre de Deus, a realização de seu propósito é ainda mais eletrizante. Esse vaqueiro está agora viajando por todo o país, trabalhando em rodeios e dizendo aos outros como Deus curou seu ombro — o que ele faz agora é conduzir pessoas a Jesus!

Outro exemplo da imposição de mãos — e mais: fomos à grande abertura do Clube PTL (o grande auditório da igreja)[1] para participarmos do desfile. Estávamos perto do nosso carro alegórico, esperando o início do desfile, quando notamos uma participante da equipe de apoio mancando e usando uma bengala.

Perguntamos a ela:

— O que há com a sua perna?

Ela nos contou uma história interessante. Ela havia escorregado, caído e quebrado o osso da perna direita seis meses antes. Quando o médico tirou uma radiografia, observou que tinha havido uma separação de cerca de 1,5 centímetro. Segundo o médico, ela teria de passar por uma cirurgia ou a perna ficaria curta para o resto da vida. Quando o doutor deu o veredito, ela disse que Deus colocara imediatamente os nossos rostos em sua mente, por isso afirmou: "Vou correr o risco; então não opere".

E ali estávamos nós, exatamente diante dela pela primeira vez desde o acidente! Encontramos alguns degraus que levavam ao carro alegórico para ela se sentar e apoiar as pernas. Com certeza, uma perna era cerca de 1,5 centímetro mais curta do que a outra.

Preste atenção nos métodos diferentes que usamos. Colocamos as nossas mãos sobre seus pés e os seguramos; depois começamos a falar à perna. Ordenamos aos ossos que crescessem

---

[1] O Clube PTL (PTL significa "Praise The Lord" ou "People That Love"), mais tarde chamado *The Jim and Tammy Show*, e depois *PTL Today* e *Heritage Today*, foi um programa de televisão cristão, primeiramente dirigido pelos evangelistas Jim e Tammy Faye Bakker. Durou de 1974 a 1989. Fonte: <https://en.wikipedia.org/wiki/The_PTL_Club>. [N. do T.]

juntos e que a perna crescesse, em nome de Jesus. Demorou cerca de cinco minutos para a perna crescer totalmente, mas cresceu, e a jovem andou o restante do dia sem dor nem bengala.

Mais tarde, ela deu um testemunho pela rede de TV PTL sobre o poderoso milagre de Deus de reparar um osso num desfile com calor e muito vento!

Deus nos dá muitas formas de curar os doentes, por isso não fique preso ao mesmo jeito o tempo todo. Pelo senso comum, descobrimos a lógica no natural — mas os milagres podem acontecer no sobrenatural. (O livro de Provérbios fala muito sobre isso.)

No caso de escoliose, é preciso ordenar que um espírito (o espírito de doença incurável) saia e então ordenar que os ossos da coluna se endireitem. Embora o espírito saia, as costas não necessariamente endireitam até que alguém dê a ordem; por isso, se não forem feitas as duas coisas, a coluna pode permanecer torta.

Um médico de Ohio, cuja especialidade é escoliose, perguntou-nos antes de um culto se já tínhamos visto uma cura de escoliose. Relatamos várias ocasiões e o convidamos a participar de um culto de cura para nos ajudar a compreender o que Deus estava fazendo.

Pedimos a todos no auditório de 4 a 5 mil pessoas que verificassem se seus braços estavam desiguais, indicando algum tipo de problema nas costas, no pescoço, no quadril ou no ombro. Calculamos que cerca de 700 pessoas ficaram em pé, indicando que tinham braços curtos. Pedimos aos assistentes que escolhessem 10 pessoas com diferenças significativas de comprimento, para serem facilmente vistas do palco. O médico estava no palco conosco, e uma das pessoas que vieram tinha escoliose, com cerca de 30 graus de curvatura. Seu braço esquerdo era cerca de 8 a 10 centímetros mais curto do que o direito.

O médico ficou conosco quando demos a ordem para que o espírito de escoliose saísse em nome de Jesus e depois ordenamos que o braço crescesse. O braço cresceu até ficar igual ao outro, e então pedimos ao médico que conferisse para ver o que acontecera às costas. Ele pôde realizar apenas um exame limitado sem o aparelho de raios X e equipamento próprio de exame. Mas ele inclinou a mulher para a frente enquanto passava a mão pela espinha. Disse que parecia ainda haver uma curvatura de dez graus. Nós fizemos a mulher permanecer na posição curvada enquanto seguíamos o próximo passo da cura. O médico pegou o microfone para que pudesse falar ao auditório enquanto ordenávamos à coluna que se endireitasse, em nome de Jesus! Um silêncio veio sobre a plateia, e então um emocionante entusiasmo encheu todo o auditório quando o médico especialista declarou:

— Está se movendo! Está se movendo! Está se movendo!

Seguiu-se um longo silêncio enquanto ele continuava correndo sua mão para cima e para baixo da coluna vertebral. Finalmente, ele disse:

— Parece que agora está direita!

Aleluia!

Dois dias depois recebemos um telefonema no nosso escritório do médico pessoal da mulher. Ele disse:

— Mandem-me todas as gravações e livros que vocês tiverem sobre isso. Nunca vi uma coisa assim na minha vida! A coluna vertebral está perfeita!

Os mesmos milagres emocionantes estão também no seu futuro, quando você impõe as mãos nas pessoas — e mais!

Capítulo 5

Permita que os doentes toquem em você!

Frances

E todos procuravam tocar nele, porque dele saía poder que curava todos. (Lucas 6.19)

E aonde quer que ele fosse, povoados, cidades ou campos, levavam os doentes para as praças. Suplicavam-lhe que pudessem pelo menos tocar na borda do seu manto; e todos os que nele tocavam eram curados. (Marcos 6.56)

Jesus não precisava tocá-los; eles é que tocavam nele, e eram curados pelo poder do Espírito Santo, que é como um vento ou energia que fluía de Jesus para eles!

"Mas receberão poder quando o Espírito Santo descer sobre vocês" (Atos 1.8).

Era Jesus quem curava as pessoas? Sim e não! Jesus era o recipiente terreno de Deus, mas era o poder do Espírito Santo que fazia as curas.

Nós também podemos agir como recipientes para o poder de Deus fluir através de nós, porque esse método bíblico de cura é o inverso da imposição de mãos nos doentes.

Permita que os doentes imponham as mãos em você! Não existem muitos exemplos desse tipo de cura na Bíblia, e não ouvi falar de muitos exemplos atuais disso, mas há ocasiões em que isso acontece.

E estava ali certa mulher que havia doze anos vinha sofrendo de hemorragia. Ela padecera muito sob o cuidado de vários médicos e gastara tudo o que tinha, mas, em vez de melhorar, piorava. Quando ouviu falar de Jesus, chegou por trás dele, no meio da multidão, e tocou em seu manto, porque pensava: "Se eu tão somente tocar em seu manto, ficarei curada". Imediatamente cessou sua hemorragia e ela sentiu em seu corpo que estava livre do seu sofrimento.

No mesmo instante, Jesus percebeu que dele havia saído poder, virou-se para a multidão e perguntou: "Quem tocou em meu manto?"

Responderam os seus discípulos: "Vês a multidão aglomerada ao teu redor e ainda perguntas: 'Quem tocou em mim'".

Mas Jesus continuou olhando ao seu redor para ver quem tinha feito aquilo. Então a mulher, sabendo o que lhe tinha acontecido, aproximou-se, prostrou-se aos seus pés e, tremendo de medo, contou-lhe toda a verdade. Então ele lhe disse: "Filha, a sua fé a curou! Vá em paz e fique livre do seu sofrimento". (Marcos 5.25-34)

Aquela mulher sabia que estava curada.

Você precisa saber como curar, mas também precisa saber o que dizer à pessoa que tem uma atitude negativa. Por exemplo, com relativa frequência alguém nos procura e pede: "Você pode orar por minha tia Jane?".

Eu respondo:

— Sua tia Jane está aqui? Eu gostaria de orar por ela.

— Não, ela estava doente demais para vir.

Doente demais para vir! Deixe-me dizer uma coisa. Se tia Jane chamasse um médico, e o médico dissesse: "Vou pedir que uma ambulância a leve ao hospital", tia Jane estaria no hospital assim que a ambulância a levasse lá! Geralmente, é uma desculpa fraca dizer: "Tia Jane está doente demais para vir". Se alguém está doente demais para vir, precisa mesmo ter mãos impostas nela!

A mulher que tocou a borda do manto de Jesus poderia ter dado um monte de desculpas. Poderia ter dito: "Já fui a todos os médicos do mundo e nada me ajudou, por isso qual o sentido de tentar ir até esse homem, Jesus? É melhor morrer e acabar com isso!". Você acha que existem pessoas assim hoje? Certamente, existem!

Não faz muito tempo, o Espírito de Deus me disse que havia no nosso culto um homem com um enfisema grave que iria morrer se não tivesse a experiência da cura de Deus pelo toque. Embora eu anunciasse exatamente essa descrição, o homem não veio à frente para a imposição de mãos. Enquanto Charles e eu dirigíamos o culto, perguntei ao homem doente:

— Posso orar por você?

Ele respondeu:

— Não, estou tratando direto com Deus. Se quiser realmente me curar, ele o fará!

Bem, você impõe as mãos em alguém como essa pessoa? Não, porque não adiantaria nada se o fizesse. É a mesma coisa que alguém dizer: "Eu não vou fazer a oração do pecador, porque, se Deus quiser me salvar, que ele me salve!". Essa pessoa nunca seria salva, seria?

Aqui está outra das minhas razões de queixa prediletas — alguém que diz: "Os melhores já oraram por mim. Por mim, já oraram Kenneth Hagin, Kenneth Copeland, Kathryn Kuhlman, Oral Roberts, Jim Bakker, Pat Robertson, Rex Humbard" e muitos outros, e depois pergunta: "Você orará por mim?".

Qual o benefício se eu orasse? Nenhum, porque existem algumas pessoas que apenas gostam de ir à frente para que possam andar por aí citando o nome dos grandes evangelistas que, sem sucesso, impuseram as mãos nelas. Mas nunca creem que algo irá acontecer!

A mulher que tocou a borda do manto de Jesus poderia ter dito a mesma coisa: "Os melhores médicos tentaram me curar, e não adiantou nada".

Ela poderia ter olhado para a multidão e dito: "Que confusão; não vou tentar. Ora, não há maneira de chegar até Jesus. Não deve ser da vontade de Deus que eu seja curada".

As pessoas dão todos os tipos de desculpas. No entanto, aquela mulher não deu desculpas! Eu a vejo como uma mulher de grande persistência. Provavelmente ela fez uma longa caminhada para chegar até ali e poderia ter dito: "É melhor ir embora. Fiz toda essa viagem por nada. Nem sequer posso me aproximar de Jesus".

Entretanto, ela não o fez. Eu a imagino ali como um cavalo de corrida. Provavelmente ela começou a pisotear o chão, dizendo: "Deixem-me sair daqui; deixem-me entrar naquela multidão. Eu vou chegar lá. Não me importa o que eu tiver de fazer. Não me importo se tiver de rastejar de joelhos para chegar lá. Farei o que for preciso, vou chegar até Jesus e tocar a borda de seu manto, porque sei que, quando o fizer, serei curada pelo poder de Deus!".

Aquela mulher poderia ter usado qualquer desculpa do mundo, mas não o fez!

Ela poderia ter deixado que as circunstâncias a desencorajassem, mas não deixou!

Ela poderia ter estendido a mão e pensado: "Vou ter problemas se eu tocar esse homem".

Ela poderia ter deixado o medo se apoderar dela, mas não deixou! Ela estava determinada a fazer algo, e isso era tudo! Ela estava decidida a tocar a borda do manto porque sabia que, quando o fizesse, seria curada! E, porque foi persistente, ela foi curada!

Sua fé, nesse caso, foi um toque ao contrário. Ela nem mesmo perguntou se Jesus poderia tocá-la. Ela disse apenas: "Se eu tão somente tocar em seu manto, ficarei curada".

E ela foi curada!

Essa é uma bela história da Bíblia, mas quem hoje tem o poder que havia no manto de Jesus? Quem anda por aí com tanto poder de ressurreição, de tal forma que alguém possa vir e tocar nessa pessoa ou numa peça do seu vestuário e ser curado?

Qual é a resposta a essa pergunta? Todo e qualquer crente cheio do Espírito Santo tem o mesmo poder de ressurreição de Jesus!

Aqui está a história da borda de outro vestuário.

Sou uma fanática desde o dia em que me converti. Digo isso com alegria, porque, quando Jesus entrou no meu coração, eu percebi que ele havia entrado. Soube que eu era uma nova criação. Soube que as coisas antigas haviam passado! Soube que todas as coisas haviam se tornado novas! Soube que estava salva! Soube que Jesus estava morando no meu coração!

Foi a coisa mais arrebatadora, mais emocionante do mundo, saber que Jesus estava em mim. Eu tinha vontade de sair por aí, dizendo: "Olhe! Olhe! Você pode vê-lo? Ele vive dentro de mim!".

Anos atrás, mesmo antes de receber o batismo do Espírito Santo, coisas empolgantes haviam começado a acontecer, porque eu estava totalmente comprometida com Deus. Uma das coisas mais grandiosas do mundo é a entrega total a Deus, quando você não se importa com o que os outros pensam de você nem se importa com o que acontece enquanto você serve a Deus e faz o que ele quer que você faça.

Eu tinha voltado de uma viagem e estava compartilhando com a minha igreja local — que não acreditava no batismo do Espírito Santo — a respeito de coisas emocionantes que haviam acontecido, de como Deus havia me usado, e de como centenas e centenas de pessoas tinham aceitado Jesus como Salvador e Senhor.

Ao final do culto, me foi entregue um pequeno bilhete que dizia: "Há uma mulher na nossa igreja que está muito doente e perguntou se a senhora, na volta do culto, poderia dar uma parada em sua casa". Eu concordei em visitá-la e, ao entrar na casa, vi uma mulher deitada sobre um simples colchão no chão.

Eu não sabia muito a respeito de cura naquela época. Eu sabia que Deus curava, mas não exatamente como ele fazia o milagre. Eu não tinha nenhum poder, mas a fé cega vai muito longe!

Quando entrei porta adentro, a senhora disse:

— Você poderia fazer uma única coisa por mim?

— Claro. Farei o que a senhora quiser — respondi.

— Você poderia ficar em pé aqui? — ela pediu.

Sua voz era muito fraca, e ela começou a se mover pelo colchão até chegar bem na beirada. Então disse:

— Você poderia se aproximar de mim?

Eu respondi:

— Claro.

Ela não me pedira para orar.

— Você poderia chegar um pouco mais perto? — ela pediu.

Continuei me aproximando, mas sem entender o que ela queria. De repente, ela olhou para mim com a mais linda fé que eu já havia visto nos olhos de qualquer pessoa adulta, e então declarou:

— Se eu tão somente tocar a borda do seu manto, sei que ficarei curada.

Olhei para a minha roupa e pensei: "Com certeza ela não parece muito especial para mim!". A roupa não me pareceu nem um pouco ungida! Mas aquela senhora sentiu exatamente o mesmo o que sentiu aquela mulher na Bíblia.

Ela estendeu a mão e tocou a borda da saia que eu estava usando e, ao fazê-lo, foi instantaneamente curada pelo poder de Deus!

Isso foi há cerca de catorze anos. Eu a vi pela última vez quando voltei à Flórida, e ela não tivera nenhuma recaída daquele câncer horrível que a estava levando à morte por hemorragia. Hoje ela é uma mulher extremamente saudável e ativa.

Deus pôs fé naquela senhora. Sua fé disse: "Apenas toque a borda da roupa de Frances". Ela nem sequer pediu para me tocar. Ela poderia ter tocado a minha perna com mais facilidade do que poderia tocar a minha veste, mas, de alguma forma, sua fé estava em tocar a borda do meu vestido.

Não há absolutamente nada especial em alguma roupa que eu use! Absolutamente nada! Mas, quando você está comprometido com Deus, você está ungido! A sua pele é ungida; o seu corpo é ungido; as suas mãos e os seus pés estão ungidos! Você foi ungido para curar os doentes; portanto, qualquer peça do vestuário que tocar em você está igualmente ungida!

> Deus fazia milagres extraordinários por meio de Paulo, de modo que até lenços e aventais que Paulo usava eram levados e colocados sobre os enfermos. Estes eram curados de suas doenças, e os espíritos malignos saíam deles. (Atos 19.11,12)

A maioria das pessoas não se dá conta, mas essa é apenas uma maneira invulgar e bíblica de curar os doentes.

Capítulo 6

Fale a uma montanha

Frances

Jesus diz em Marcos 11.23:

"Eu asseguro que, se alguém disser a este monte: 'Levante-se e atire-se no mar', e não duvidar em seu coração, mas crer que acontecerá o que diz, assim lhe será feito".

Jesus está dizendo isso a você! "Alguém" é você! "Alguém" sou eu! "Alguém" são todos! Deus não faz distinção de pessoas. Ele simplesmente diz: "Alguém".

Esse versículo especial é muito importante porque tem muito que ver com um modo de curar. O texto diz: "Se alguém disser...".

Não diz: "Se alguém orar"!

Diz: "Se alguém disser"!

E há uma grande diferença entre dizer e orar!

Ao dizer a esta montanha: "Atire-se no mar", você está ordenando que a montanha faça algo, porque sabe que você está em Cristo! Você tem o poder de Deus na sua vida e está agindo de acordo com o que a Bíblia diz. Fale com autoridade em todos os momentos, se quiser ver milagres acontecerem. Isso não significa ter de gritar e berrar (nós tentamos isso também!), mas significa falar com autoridade para que o Diabo saiba que você sabe que tem poder! Ao orar, você está pedindo que Deus faça algo. Ao dizer, você está ordenando que algo seja feito! Você está ciente de que os discípulos nunca oraram pelos doentes depois de terem recebido o batismo do Espírito Santo? Jerry Horner, professor de teologia da Universidade Oral Roberts, é um dos mais importantes eruditos da Bíblia que conhecemos, e ele disse que não existe na Bíblia registro em que os discípulos alguma vez tenham orado pelos doentes depois do dia de Pentecoste. Jesus não orou pelos doentes! Os discípulos não oraram pelos doentes. Então, por que nós deveríamos orar?

Após ter sacudido a víbora sem sentir seus efeitos danosos, Paulo foi ministrar cura ao pai de Públio, chefe da ilha. "Paulo entrou para vê-lo e, depois de orar, impôs-lhe as mãos e o curou" (Atos 28.8). É bíblico orar antes de ministrar cura.

Jesus disse que toda autoridade no céu e na terra lhe havia sido dada (v. Mateus 28.18), e então ele nos deu essa autoridade para expulsar demônios e impor as mãos nos doentes e curá-los.

Vários anos atrás, estávamos ministrando no Willamette Christian Center, em Eugene, Oregon, quando Deus começou um lindo milagre de "declaração". Pelo fato de os nossos serviços religiosos serem às vezes um pouco diferentes dos cultos normais, algumas pessoas na congregação "se ressentem" porque louvamos a Deus dançando ou ficamos extremamente entusiasmados com as coisas que Deus faz. Como resultado, todos os anos, após sairmos, o pastor Murray McLees sempre "apara as arestas" daqueles em sua igreja que possam não ter compreendido o movimento carismático.

Nesse ano em especial, ele fez uma declaração inusitada à congregação. Disse algo como: "Vocês podem nem sempre concordar com tudo o que Charles e Frances Hunter fazem, mas vou dizer uma coisa. Se alguma vez eu ficar doente, gostaria que somente Charles e Frances orassem por mim, porque a fé deles é muito simples; eles apenas creem que, se impuserem as mãos na pessoa, ela será curada! E será mesmo!".

Mal ele percebia que estava profetizando sobre a própria vida! Logo depois desse episódio, o Diabo colocou nele um tumor "maligno". Era um dos tipos de câncer mais agressivos. Não demorou e ele ficou cego de um olho, surdo de um ouvido e começou a sentir dores de cabeça atrozes.

Deus o fez lembrar de uma mulher em sua congregação a quem Murray dissera que queria que orássemos por ele caso ficasse doente; então ela milagrosamente conseguiu o nosso número de telefone que não constava na lista e telefonou para nos informar o que o pastor McLees havia compartilhado com sua congregação naquela manhã. Os médicos lhe haviam dado um mês ou dois de vida! A congregação ficou desolada com a notícia!

Ele se afastou de todos os assuntos de sua comunidade, e eles lhe prestaram toda a assistência, como era costume em relação às pessoas com doenças terminais. O pastor McLees disse que sempre teve fé para orar por si mesmo e por outras pessoas, mas dessa vez sua fé havia saído direto pela janela. Tenho certeza de que todos nós passamos pela mesma experiência uma ou outra vez na vida!

Telefonamos imediatamente para o pastor, e o Espírito de Deus nos disse enfaticamente para não irmos até ele, mas para o trazermos a um dos nossos cultos de milagres. Contamos a ele o que o Espírito havia dito e nos oferecemos para pagar sua ida e a de sua esposa a qualquer culto de milagres que ele escolhesse nos Estados Unidos.

Jamais me esquecerei da resposta do pastor. Ele disse: "Isso combina com o meu espírito!". Eles escolheram San Diego,

Califórnia, como seu culto de milagre, porque o evento ali seria realizado dentro de dez dias!

Eles só chegaram no último culto e estavam atrasados. Quando os vimos entrar, deixamos o palco e corremos para abraçá-los. O nosso coração estava dilacerado em razão do mal que o Diabo havia feito ao nosso amado irmão em Cristo. Não oramos naquele momento simplesmente porque não fomos dirigidos a fazer nada, a não ser lhe mostrar o amor de Deus.

Voltamos para o palco com o pastor Jerry Barnard para mais um louvor e, quando o pastor Barnard estava ministrando na palavra de conhecimento, o Senhor me disse: "Ore por ele agora mesmo!". Voltei-me para pedir a Charles que fosse buscar Murray, mas ele já havia feito isso. No mesmo instante, o pastor Barnard virou-se para dizer a Charles que levasse Murray ao palco. O Espírito de Deus falou com todos nós ao mesmo tempo!

Charles levou o pastor McLees para o centro do salão do Hotel El Cortez, onde a reunião estava acontecendo, impôs as mãos nele e falou àquela montanha! E eu falei com toda a autoridade que sabia me pertencer como crente, furiosa com o Diabo pelo que ele estava tentando fazer a um dos filhos de Deus! Eu disse: "Diabo, eu o amarro em nome de Jesus e pelo poder de Deus, e interrompo todo o seu poder. Agora, seu miserável espírito imundo de câncer, saia de Murray agora mesmo, em nome de Jesus!".

O pastor McLees caiu sob o poder de Deus, assim como sua esposa. Foi um momento emocionante para todos nós! As câmeras de TV que estavam focadas nele se voltaram para mim quando ele caiu sob o poder, e eu gritei com toda a força:

— Voltem a câmera para ele, porque quero que o mundo veja o que acontece quando um homem está sendo curado de um câncer terminal!

Um suspiro perpassou o auditório quando o Espírito se moveu sobre todos! Alguns pensaram que eu estava apelando para algo que não existia, como se existisse! Alguns pensaram que eu tinha recebido o dom da fé, mas não foi isso também. O que realmente aconteceu foi uma visão, porque vi os dedos de Deus descendo dentro do cérebro do pastor McLees e comprimindo o tumor para fora! Pude ver o tumor sendo tirado com tanta clareza quanto você pode ver as páginas deste livro. Era como se os dedos empurrassem o tumor para fora de cada fenda em seu cérebro!

O pastor se levantou do chão, sem nenhuma evidência visível de que alguma coisa tivesse acontecido, e disse:

— A minha cabeça não dói mais!

Ele e a esposa voltaram para seus lugares e se sentaram. Logo depois ele olhou para a esposa e disse:

— Eu posso ver a cor do vestido de Frances!

Na manhã seguinte, depois que Deus se moveu por todo o seu corpo naquela noite, sua visão e sua audição voltaram ao normal!

Em vez de voltar para casa para morrer, o pastor foi para o Sri Lanka três meses depois. A primeira pessoa por quem ele orou não tinha um globo ocular e, quando ele impôs as mãos no local, o globo ocular se formou!

Quando Murray voltou ao médico, este tirou uma radiografia para ver o que estava acontecendo. O relatório foi: "Parece que o tumor foi espremido para fora do seu cérebro! A bolsa em que ele estava ficou completamente vazia!". Glória a Deus! O médico confirmou exatamente o que Deus me mostrara numa visão!

Odeio o Diabo com todas as minhas forças e, quando falei com a montanha, não havia nenhuma dúvida. Observe que eu não orei, mas realmente falei!

Esse mesmo princípio funciona ao contrário, por isso precisamos observar o que sai da nossa boca! Os cristãos provocam as coisas mais terríveis em si mesmos simplesmente pelas palavras que dizem, porque Jesus não estabelece nenhuma limitação nessa promessa. Ele não disse: "[se alguém] crer que acontecerá o que diz se for bom para ele". Ele disse: "[se alguém] crer que acontecerá o que diz" (Marcos 11.23).

Deixe-me dar outro exemplo. Quando morei na Flórida, todo mês de outubro uma onda de gripe atacava as pessoas, e, a cada mês de outubro, eu tinha fé suficiente para mover uma montanha, embora nem fosse salva nessa época. Sabe que montanha era? Era a minha saúde. Eu tinha fé suficiente para transformar o meu eu normalmente saudável em uma vítima da gripe. Eu fazia isso com a minha boca grande e nem sequer percebia o que estava acontecendo.

No primeiro dia de outubro, este era o meu comentário: "Bem, aqui está outubro novamente, e todo mês de outubro pego gripe. Não faz diferença se é gripe asiática, gripe de Hong Kong, gripe suína, gripe equina; qualquer que seja a gripe, eu pego!".

Eu estava enlaçada pelas palavras da minha boca! Eu não tinha dúvida nenhuma de que ia contrair gripe, independentemente do tipo que fosse.

Então eu continuava num ato de fé ainda maior e dizia com autoridade: "Não faz diferença o que quer que eu faça. Posso ir ao médico cinquenta vezes; ele pode me dar penicilina; pode me dar vitamina B-12; não vai adiantar nadinha, porque vou ficar de molho durante três semanas, independentemente do que fizer".

Adivinhe onde eu passava o mês de outubro todos os anos? Na cama — não porque outras pessoas estivessem com gripe, mas por causa da minha boca. Eu não precisava me abater com a gripe, mas estava agindo pelos princípios de Marcos 11.23. Eu dizia e acreditava no que dizia! Não havia um pingo de dúvida no meu coração. Eu sabia que iria contrair gripe, e contraía mesmo!

Glória a Deus! Jamais contrairei gripe novamente!

Fui salva, aprendi o que a Palavra de Deus diz e agora não preciso ter gripe, porque, se o Diabo tenta trazê-la à minha casa, eu digo: "Diabo, leve essa gripe para qualquer outro lugar; eu não a quero aqui. Eu não assino o recibo dessa entrega. Não a deixe na minha casa, porque eu não quero nada disso". E eu falo com autoridade!

Você percebe o que estou dizendo com a minha boca? Você pode dizer o mesmo. Marcos 11.23 é tão verdadeiro para você quanto é para mim. Eu sou "alguém"; você é "alguém". Quando Jesus disse "alguém", ele quis dizer que qualquer um dos servos de Deus que crer no versículo pode dizer: "Levante-se e atire-se no mar" e, se não duvidar em seu coração, terá o que diz.

Por que tantas pessoas acham tão fácil acreditar no Diabo em vez de acreditar em Deus? Por que as pessoas acreditam que as coisas ruins acontecerão em vez das coisas boas? O Diabo aparece com pequenos sintomas, e é uma tentação dizer: "Estou entrando em colapso com algo".

Pare agora mesmo! Este é o tempo para você se levantar e dizer: "Ah, você não, Diabo! Não estou olhando para as circunstâncias; certamente não estou olhando para os sintomas. Estou olhando para o que diz a Palavra de Deus, e a Palavra diz que, se eu quiser que uma montanha se mova, posso fazê-la se mover — e a montanha que estou movendo agora é a doença. A doença, você me ouviu?".

Esperamos que você tenha observado que Marcos 11.23 diz que você deve falar "ao" monte.

O texto diz para falarmos a Deus?

O texto diz: "Ore a Deus e peça-lhe para tirar a montanha do caminho?".

Não. O texto afirma: "Se alguém disser a este monte".

Você precisa falar diretamente à enfermidade. Se for gripe, você precisa dizer: "Gripe, saia! Eu não estou nem um pouco interessado em que você perturbe o meu corpo. Eu não tenho tempo para você. Tenho muitas coisas a fazer, por isso vá embora, em nome de Jesus!". Se for câncer, fale ao câncer! Se for dor nas costas, fale à dor nas costas.

Fale à doença! Fale com autoridade e então creia! Lance fora a dúvida e não permita que a descrença se infiltre e dê espaço ao Diabo, porque a condição seguinte é: "e não duvidar em seu coração, mas crer que acontecerá o que diz, assim lhe será feito".

Dúvida e descrença vêm sempre do Diabo! Sempre que você ouvir uma voz que expressa dúvida e descrença, não ouça, porque é o próprio Diabo falando! Deus nunca traz dúvida!

Ordenar a uma doença que se vá ou a um corpo que se endireite é uma das formas mais simples de curar os doentes. Tem havido muita confusão e equívocos nos últimos anos às vezes entre o ato de "falar" e o de "confessar". Existem duas áreas diferentes de cura. Uma é fazer; outra é receber. Vamos tentar esclarecer a diferença entre as duas:

Falar é uma ordem para ser curado.

Confessar é crer num ato futuro ou na manifestação da cura.

Há grande diferença entre as duas. Falar é dar autoridade às palavras, enquanto confessar é receber a promessa.

Tanto confessar como falar chamam à existência algo que não existe. Ambos são ótimos, mas você não deve confundir um com o outro para evitar problemas. Isaías 53.5 diz:

> Mas ele foi traspassado
>   por causa das nossas transgressões,
>   foi esmagado por causa
>   de nossas iniquidades;
>   o castigo que nos trouxe paz
>   estava sobre ele, e pelas suas feridas
>   fomos curados.

Os cristãos precisam exercer a fé ao usar esse método de cura, mas precisam também exercer o discernimento. Permita-me dar um exemplo. Certa vez, um jovem estava tendo um ataque epilético. Ele espumava na boca, seu corpo fazia todo tipo de contorções no chão e, quando corremos para impor-lhe as mãos, ele se tornou um tanto violento. Seu amigo disse:

— Não imponham as mãos nele, porque ele está curado!

Por acaso alguém que não era cristão e estava ali olhou para nós e disse:

— Vocês acreditam nisso?

Aquilo incomodou o homem, porque ele não compreendia. Ele apenas olhou para o que viu e pensou: "Uau! Toda essa espuma está saindo da boca dele, alguém terá de enfiar um lápis na boca dele para que ele não engula a língua, seu corpo está todo contorcido, e eles estão dizendo que o rapaz está curado?".

Terminado o ataque epilético, o homem disse:

— Por que vocês oraram por mim? Estou curado pelas feridas de Jesus!

Lembre-se, Jesus curou o doente para que as pessoas cressem!

O homem que estava tendo o ataque epilético teve boa intenção, bem como seu amigo, mas ele não estava falando com sabedoria, visto que falava a alguém que não era salvo. Em se tratando de um descrente, seu nível de fé era inexistente. "Reivindicar" a cura tem afastado muitas pessoas porque elas dizem: "Se você diz que está curado, mesmo que ainda esteja espumando pela boca e tenha contorções no chão, então você ou perdeu o juízo ou então não serve a um Deus muito bom. Agradeço, mas não quero a sua religião. Acho que vou experimentar outra".

Precisamos ter discernimento. Quando você diz que está curado pelas feridas de Jesus, diga-o a alguém cuja fé e compreensão estejam no mesmo nível da sua, se não num nível maior, para que a sua própria fé cresça! Nunca diga a um descrente que você está curado quando a manifestação não tiver ocorrido ainda. É melhor dizer: "Creio que estou recebendo a minha cura". A melhor pessoa a quem dizer isso é você mesmo! Continue dizendo a si mesmo até o seu nível de fé ser edificado a ponto de você poder honestamente crer e receber a cura. Aí então você pode sair e dizer: "Por suas feridas fui curado(a)". Eu pessoalmente penso ser melhor confessá-lo a Deus!

Como chegar ao ponto de crer naquilo que confessamos? Certa vez li um livro que dizia: "Quando terminar de ler este livro, quero que todos levantem as mãos e digam todas as manhãs: 'Deus, eu te amo'. Amanhã, ao se levantarem, digam: 'Deus, eu te amo'. Levantem-se na manhã seguinte e digam: 'Deus, eu te amo'".

Na primeira vez em que eu disse isso, pensei: "Deus, não sei se te amo ou não. Sei que tu me amas. Sei que tu permitiste que Jesus morresse para que eu pudesse ter vida eterna. Aceito teu amor por mim, mas não sei se realmente te amo ou não. Senhor, eu te amo".

Ainda não sei se creio ou não, mas tentei novamente na manhã seguinte. Eu me levantei e disse: "Deus, eu te amo". Fiz uma pausa e acrescentei: "Humm, não sei se te amo ou não"! Eu ainda não sabia se o amava. Tanto Charles como eu temos sempre sido honestos com Deus, porque ele conhece, de qualquer forma, o que estamos pensando. Por isso, durante trinta anos, eu disse: "Deus, eu te amo. Não sei se realmente te amo ou não, mas eu te amo".

Então, certa manhã, eu me levantei e disse: "Deus, eu te amo". E depois eu disse: "Ó Deus, eu realmente te amo! E não apenas aceito o teu amor por mim, mas eu te amo!".

Como cheguei ao ponto de realmente amar a Deus? Continuei confessando o meu amor por ele. Continuei dizendo: "Deus, eu te amo", até isso se tornar uma realidade na minha vida — até isso entrar no meu espírito.

Agora você compreende o princípio por trás de dizer: "Pelas suas feridas fomos curados"? Precisamos ser honestos com Deus, porque não podemos enganá-lo, dizendo: "Pelas suas feridas sou curado. Estou te colocando, Deus, como responsável, porque eu disse isso, e agora tu tens de me curar". Não, Deus não tem de curar você! Ele não tem de fazer nada, a menos que você realmente creia, sem sombra de dúvida, que foi realmente curado. Mas você sabe de uma coisa? Se você continuar dizendo isso, um dia, assim como eu me tornei consciente de que realmente amava a Deus, você repentinamente se dará conta de que foi curado! Se você estiver sob medicação, entretanto, continue fazendo o que foi prescrito para que você viva até que esteja curado!

Durante vários anos, tive um grande ponto negro na minha face e, cada vez que ia à televisão, precisava cobri-lo com maquiagem pesada. Mesmo assim, eu podia ver aquele ponto escuro sob a maquiagem. Certo dia, pensei: "Realmente isto não é o melhor de Deus! A Palavra de Deus diz que estou curada". Assim, coloquei o meu dedo sobre o ponto escuro e disse: "Jesus, toca nele".

No dia seguinte, olhei para o ponto escuro e ele não havia desaparecido nem um pouco! Por isso eu disse: "Obrigada, Jesus. Pelas tuas feridas estou curada".

No dia seguinte, ao me maquiar, repeti: "Obrigada, Jesus. Pelas tuas feridas estou curada".

Então, certo dia, eu me esqueci de dizer isso! Sabe por quê? Porque o ponto escuro não estava mais lá!

Se isso funciona para você, ótimo! Continue assim! Mas, se não funciona para você, não se sinta mal por tentar outra provisão de Deus.

Você pode estar pensando: "Isso não demonstra falta de fé?". Não, não demonstra falta de fé, mas muita inteligência! Muitas pessoas são curadas simplesmente porque citam a Palavra de Deus até crerem, mas essa não é a única forma que Deus tem para nos curar!

Aqui está um exemplo interessante. Estávamos ministrando no estado de Washington certa vez, e uma senhora chegou ao culto numa cadeira de rodas. Ela disse:

— A minha igreja ensina que, uma vez que tenham imposto as mãos em você, nunca deve voltar para receber oração novamente, porque isso demonstra falta de fé.

— Durante anos — ela nos disse —, eu vinha dizendo: "Pelas tuas feridas estou curada".

— Você está andando? — perguntei.

— Não!

— Então você não está curada. A provisão existe para a sua cura, mas existe uma grande diferença entre a provisão e a manifestação.

A provisão para eu ser salva existia quando eu nasci, mas levei quarenta e nove anos para me convencer de que isso havia sido feito para a minha salvação.

A provisão para a minha salvação estava disponível o tempo todo, mas não fui salva até crer e aceitar a salvação. Embora a provisão fosse válida, a minha salvação não era, porque eu não havia aceitado aquela provisão.

E se eu tivesse ido à igreja apenas uma vez, voltado para casa e dito: "Bem, não fui salva. Acho que não é da vontade de Deus que eu seja salva. Fui à igreja uma vez e não fui salva".

Na verdade, fui à igreja três vezes por semana durante nove meses antes de ser salva, porque foi muito difícil confessar que eu era pecadora. Mas louvado seja o Senhor pela minha persistência, porque continuei indo à igreja até crer no meu coração e até aquilo entrar no meu espírito. Então, num piscar de olhos, fui salva.

Aquela mulher prosseguiu:

— Eles me disseram que, se eu recebesse oração mais uma vez, estaria mostrando falta de fé. E, se alguém receber oração uma vez, então já está curado, a menos que tenha falta de fé ou um grande pecado na vida.

Eu comentei:

— Você sabe o que eu faria em seu lugar? Querida, eu teria entrado em cada fila de oração que pudesse encontrar até andar!

— E quanto ao versículo "Pelas suas feridas vocês foram curados"? — ela perguntou.

— Essa é uma forma de cura — respondi —, mas vamos tentar outra!

Naquela noite, pedimos aos que quisessem submeter-se à imposição de mãos que fossem à frente, e aquela mulher atendeu ao chamado. Coloquei as mãos sobre ela, em nome de Jesus, e ela ficou sentada como a protuberância de um tronco. Algumas pessoas de sua igreja lhe disseram no dia seguinte:

— Veja, você não foi curada. Agora você nunca será curada porque mostrou falta de fé quando foi à frente na noite passada.

No dia seguinte, aquela mulher não foi à igreja. Ela chorou o dia todo. Estaríamos lá no dia seguinte, e ela foi ao culto matinal. Chegou bem cedo, esperando conversar conosco antes que o culto começasse. Ela disse:

— Não sei o que fazer. Todos me abordaram ontem dizendo que eu tinha algum pecado em minha vida porque fui à frente pedir oração novamente. E continuaram me dizendo que, uma vez que eu tenha ido à frente pedir oração, já estou curada. Mas acho que não estou curada.

Perguntei-lhe:

— Você andou esta manhã?

— Não — ela respondeu.

— Então — eu disse — a provisão está lá, mas você ainda não está curada. Venha à frente no final do culto esta manhã. Nunca se sabe quando será o seu dia.

Entre lágrimas, ela perguntou:

— Você acha ser realmente certo eu ir à frente novamente?

— Claro — respondi. — Se eu fosse você, não desistiria. Eu seria a pessoa mais persistente que Deus já conheceu. Creio que Deus me curaria apenas para se livrar de mim, porque eu continuaria batendo à sua porta até ela se abrir.

Ao final do culto, ela foi à frente. Impus-lhe as mãos e citei aquele maravilhoso versículo de Atos 3.6: "Não tenho prata nem ouro, mas o que tenho, isto lhe dou. Em nome de Jesus Cristo, o Nazareno, ande".

Sabe o que ela fez? Mesmo tendo sido baleada nas costas e tido sua medula espinhal cortada, ela se levantou e saiu da cadeira de rodas! Aleluia!

Veja, Deus proveu sua cura dois mil anos antes, e ela continuou citando a Bíblia durante anos. Mas, se tivéssemos dito a ela: "Ótimo! Isso é tudo o que você precisa; continue citando a Bíblia", ela poderia ainda estar naquela cadeira. Tiramos fotos quando ela colocou o marido saudável na cadeira e o empurrou para fora da igreja. Aleluia!

Graças a Deus, existe mais de uma forma de curar os doentes! Se você está citando a Bíblia para a sua cura, e isso funciona, continue fazendo exatamente isso! E, se você ensina outras pessoas a obterem a cura, e isso funciona, continue ensinando. Mas, se um método em especial não funcionou para você, tente outro. Deus não se limita a apenas uma forma de curar pessoas; então por que você se limitaria?

Deus pode curar você da maneira que ele quiser!

Temos visto pessoas indo à frente e dizendo: "Quando você impôs as mãos em mim, eu estava de pé, e uma tremenda nuvem veio sobre mim, e me senti como um pedaço de geleia. De repente, eu podia sentir cada corpúsculo se movendo e, antes que eu me desse conta, estava totalmente curado!". Suponho que essa é uma maneira de as pessoas se curarem, mas não a única.

Nem todo mundo precisa "se transformar em geleia" e sentir uma nuvem sobre sua cabeça!

Temos visto pessoas que perderam a consciência sob o poder de Deus sendo instantaneamente curadas enquanto estavam prostradas no chão.

Temos visto pessoas que não perderam a consciência sob o poder de Deus sendo curadas em pé.

Temos visto pessoas que perderam a consciência sob o poder de Deus e que não foram curadas.

Temos visto pessoas que permaneceram de pé e não foram curadas.

Deus pode fazer o que quiser, sempre que quiser! Ele pode até curar você no seu trajeto para casa, de volta de uma reunião. Você não precisa estar numa igreja para ser curado, porque Deus o pode curar em qualquer lugar que ele quiser.

Deus pode não apenas curar você em qualquer lugar que ele quiser; ele pode curar você independentemente do seu problema. Deus pode curar uma verruga ou um dedo do pé tão facilmente quanto pode curar um câncer. Em algumas das nossas reuniões, vimos muitos cânceres saindo imediatamente, mas Deus não cura todos dessa maneira. Vimos também pessoas vomitando tumores. A longo prazo, não é importante se um câncer foi vomitado do corpo ou simplesmente desapareceu. O importante é que não há mais câncer no corpo daquela pessoa!

Não importa se você fala ou confessa, e não importa o meio pelo qual seja curado ou cure outras pessoas, lembre-se de que o importante é:

> Por meio dele e por causa do seu nome, recebemos graça e apostolado para chamar dentre todas as nações um povo para a obediência que vem pela fé (Romanos 1.5).

Capítulo 7

O que você vê é o que você consegue!

Frances

Deus seja louvado pelo fato de os olhos do nosso entendimento estarem abertos para novas revelações espirituais, porque Deus sempre está presente querendo que tenhamos maior entendimento de sua Palavra e de sua obra.

Um dos ensinos mais marcantes recebido pelo corpo de Cristo está registrado em Marcos 11.23,24:

> Eu asseguro que, se alguém disser a este monte: 'Levante-se e atire-se no mar', e não duvidar em seu coração, mas crer que acontecerá o que diz, assim lhe será feito. Portanto, eu digo: Tudo o que vocês pedirem em oração, creiam que já o receberam, e assim sucederá.

Creio que existe uma dimensão para esse texto que nos fará adentrar em outra área da cura. Os olhos da nossa compreensão estão sendo abertos, e creio que, à medida que entramos nas etapas finais antes da volta de Jesus, as pessoas olharão para o mundo espiritual como nunca olharam para esse mundo vasto e emocionante!

Creio que Deus abrirá os nossos olhos espirituais! Veremos muito mais atividades angelicais! Muitas pessoas que nunca sonharam que um anjo poderia descer à terra no século XX se surpreenderão ao ver anjos acompanhando-as aonde quer que elas se dirijam.

Veremos o poder sobrenatural de Deus grandemente acelerado onde a cura for necessária!

Creio que o poder sobrenatural de Deus estará operando através de grandes hostes de pessoas comuns. Por muitos anos, tivemos apenas algumas "estrelas" que saíram e impuseram as mãos nos doentes. Deus não faz acepção de pessoas; então não há "estrelas" no Reino dos céus. Por isso creio que Deus está levantando exércitos de pessoas em todo o mundo para sair e impor as mãos nos doentes!

Quanto mais aprendermos sobre as diferentes formas de cura, mais qualificados estaremos para sair. Queremos lembrar você de que, se uma coisa não funcionar, você deve tentar outra até alcançar vitória nessa área.

Quero compartilhar com você algo que ainda não desenvolvi totalmente, mas creio que você pode ver que alguns acontecimentos que resultaram dessa revelação abrem um caminho totalmente novo para cura. Acredito que você entenderá isso como um verdadeiro achado para a sua vida!

Comece lendo 2Reis 2.1-3:

> Quando o Senhor levou Elias aos céus num redemoinho, aconteceu o seguinte: Elias e Eliseu saíram de Gilgal, e no caminho disse-lhe Elias: "Fique aqui, pois o Senhor me enviou a Betel".
>
> Eliseu, porém, disse: "Juro pelo nome do Senhor e por tua vida que não te deixarei ir só". Então foram a Betel.

Em Betel os discípulos dos profetas foram falar com Eliseu e perguntaram: "Você sabe que hoje o Senhor vai levar para os céus o seu mestre, separando-o de você?"
Respondeu Eliseu: "Sim, eu sei, mas não falem nisso".

Observe as palavras que Elias disse, depois note a resposta de Eliseu, e observe a repetição nos versículos 4-6:

Então Elias lhe disse: "Fique aqui, Eliseu, pois o Senhor me enviou a Jericó".
Ele respondeu: "Juro pelo nome do Senhor e por tua vida que não te deixarei ir só". Desceram então a Jericó.
Em Jericó os discípulos dos profetas foram falar com Eliseu e lhe perguntaram: "Você sabe que hoje o Senhor vai levar para os céus o seu mestre, separando-o de você?"
Respondeu Eliseu: "Sim, eu sei, mas não falem nisso".
Em seguida Elias lhe disse: "Fique aqui, pois o Senhor me enviou ao rio Jordão".
Ele respondeu: "Juro pelo nome do Senhor e por tua vida que não te deixarei ir só!" Então partiram juntos.

Quero parar apenas um instante aqui, porque isso é vital em sua experiência cristã. Note que Elias continuou dizendo a Eliseu: "Fique aqui, eu vou para tal e tal lugar; você apenas fique aqui, amigo!". Eliseu sabia que Elias tinha algo que ele queria e não estava disposto a perder a bênção de Deus. E continuou dizendo: "Ah, não, você não, irmão. Enquanto você viver, não vou deixar você. Tão certo como o Senhor vive e como você vive, não vou deixar você. Aqui estou eu". E Eliseu acompanhou Elias.

Eliseu foi um dos homens mais persistentes da Bíblia, e eu quero que você seja o mais persistente seguidor de Jesus Cristo que o mundo já conheceu, porque Deus está à procura de pessoas com persistência! Deus lhe dará poder, mas está à procura de pessoas persistentes.

A persistência produz efeito em cada área da sua vida. Não importa a área em que você esteja operando, a persistência produzirá efeito.

Quero mostrar um exemplo realmente bom disso. Eu nasci com persistência. Eu vivi com persistência. Se você pudesse me ver pessoalmente, acharia difícil de acreditar, mas eu pesava apenas 900 gramas ao nascer. A minha primeira cama foi uma caixa de sapatos, acredite ou não, porque esse era o meu tamanho. Ninguém acreditava que os meus pais conseguiriam me criar. Deus seja louvado! Provei-lhes que estavam errados!

Havia dentro de mim um pequeno fio de persistência que insistia e insistia, e eu dizia: "Eu quero viver! Eu quero viver!". A persistência é vital! Ela me acompanha por toda a minha vida, e louvo a Deus por essa característica. A persistência traz sucesso! Nunca conheci alguém que tenha alcançado sucesso sem persistência.

Muitas vezes as pessoas perdem o foco porque colocam as mãos sobre os doentes uma só vez e, se essa pessoa não é curada, elas dizem: "Bem, Deus não deve ter me chamado para o ministério de cura".

A primeira pessoa pela qual orei acabou morrendo! Mas isso não me reprimiu. Pensei: "Bem, certamente terei um histórico melhor!". Você não pode fazer nada pior do que isso, pode? Isso não o deve desencorajar. Você deve continuar. Devo admitir, no entanto, que foi um choque terrível para mim quando o primeiro doente morreu!

Alguém me falou recentemente a respeito de um evangelista do ministério de cura anos atrás que disse: "Se eu orar por quinhentas pessoas, e as quinhentas caírem mortas, ainda continuarei orando e crendo em favor dos doentes!'". Nós cremos exatamente nisso!

Quando eu era uma menina, um espanhol pequeno e magro entrou no auditório da nossa escola. Ele tinha uma máquina de escrever. Hoje, todo mundo está familiarizado com máquinas de escrever, mas, quando eu era pequena, uma máquina de escrever era algo que pouquíssimas pessoas conheciam. Ele se sentou à frente da máquina e começou a escrever as palavras em um pedaço de papel. Ele datilografou 125 palavras por minuto, e eu fiquei totalmente fascinada. A minha grafia era miserável; então pensei que uma máquina de escrever seria uma resposta perfeita para mim e propus no meu coração que seria uma boa datilógrafa.

Inscrevi-me num curso de datilografia na escola. Depois da primeira semana, concluí que era mais difícil do que o espanhol fez parecer, mas decidi que iria aprender a datilografar de todo jeito, mesmo sem conseguir as 125 palavras por minuto na primeira semana.

Fui até minha professora e disse:

— Você poderia ficar depois da aula por um momento? Eu gostaria de ficar e praticar na máquina de escrever até você ir embora.

A próxima coisa que eu disse envolvia um princípio cristão sobre o qual eu nada sabia na época. Eu disse a ela:

— Quero praticar, porque serei a melhor e a mais rápida datilógrafa que esta escola já viu.

Eu nem sabia o que estava falando e mal conseguia bater duas teclas sem cometer um erro. Mas fiz essa declaração porque tinha proposto no meu coração que seria a melhor datilógrafa que a escola já tinha visto. Enquanto as outras crianças estavam na esquina bebendo Coca-Cola e fumando e fazendo todas as outras coisas que as crianças da escola faziam naquela época, eu estava na escola aprendendo a datilografar!

Isso, no entanto, não foi suficiente, porque a professora não ficava muito tempo depois da aula. Havia lojas de departamentos em St. Louis, cidade na qual cresci, e então pegava um ônibus até o centro, onde havia três lojas de departamentos em sequência. Eu entrava na primeira, ia para o mostruário de máquinas de escrever à venda, e dizia: "Estou interessada em máquinas de escrever. Posso experimentar esta?". Não acho que estava sendo desonesta, porque eu não dizia que estava interessada em comprar uma máquina específica; só dizia que estava interessada em máquinas de escrever em geral. Eu ficava lá e datilografava em cada uma das três máquinas de escrever até que a folha de papel estivesse completamente cheia, então agradecia ao vendedor e ia para a segunda loja. Lá eu fazia a mesma coisa e da mesma forma na terceira loja. Eu gostaria de voltar no dia seguinte e fazer a mesma coisa!

O que estou tentando instilar em você é o desejo de desenvolver a sua persistência. Usei todo o tempo de que dispunha na escola! Usei todo o tempo depois da aula que a professora me dava! Então fui às lojas de departamentos, e usei todo o papel deles!

Finalmente chegou o grande dia em que enfrentei o meu primeiro teste de velocidade. Se bem me lembro, escrevi 31 palavras por minuto — com 97 erros! Você nunca viu tantos erros na sua vida inteira! Trinta e uma palavras por minuto não é ruim para um iniciante, mas 97 erros era algo absolutamente inacreditável! Mas propus no meu coração que eu seria a melhor datilógrafa da escola; então recomecei a mesma rotina. Eu ficava depois da aula e depois ia para as lojas de departamentos.

Então, chegou o dia em que fiz um teste com 40 palavras por minuto, 50, 60, 70, 80, 90, e até 100, mas aquilo não era bom o bastante! Eu tinha proposto no meu coração que iria datilografar 125 palavras por minuto, como aquele espanhol magrinho!

E não ia me contentar com menos do que isso. Então continuei praticando e praticando até chegar o dia em que datilografei 125 palavras por minuto em uma máquina de escrever manual. É realmente necessário aplicar força para datilografar com essa rapidez em uma máquina manual. Mas fiz isso sem nenhum erro em um teste de quinze minutos! É isso o que a persistência faz por você!

Eu não tinha mais talento nessa área do que ninguém; o que eu tinha era persistência! Se você continuar dizendo: "Serei o evangelista mais dinâmico do mundo! Terei o maior ministério de cura do mundo!", sabe o que você vai conseguir? Você conseguirá exatamente o que você diz, desde que viva a vida que Deus diz para você ter! Se você continuar sendo persistente, e se continuar fazendo isso, mesmo quando gostaria de estar fazendo outra coisa, obterá sucesso. Seja persistente em tudo o que faz!

Naquela época, eu não sabia por que estava aprendendo a datilografar, já que a maioria das garotas queria casar e ter uma família, e não achava que as habilidades aprendidas na escola seriam necessárias algum dia. Eu não tinha a menor ideia de que o meu marido iria morrer muito jovem, empurrando-me para o mundo dos negócios que me sustentou e aos meus dois filhos. Louvo a Deus por essa habilidade, porque ela me permitiu sustentar os meus filhos! Eu operava um serviço de secretariado que eventualmente se transformou em uma grande empresa de impressão, mas não acredito que essa seja a única razão pela qual Deus me fez aprender a datilografar. Não acredito que seja por isso que Deus continuou me instigando muito antes de eu ser cristã.

Você sabe o que acho que Deus estava fazendo? Deus sabia que tinha me chamado para ser autora. Deus sabia que eu não teria tempo para escrever um manuscrito da forma usual. Cinquenta anos antes de eu usar o talento, Deus me ensinou a ser uma excelente datilógrafa, e hoje sou um dos poucos autores que redigem seus próprios manuscritos. Digito tudo e, depois que diagramo o livro, escrevo o texto novamente, porque sei como gosto dos parágrafos e dos espaçamentos. Sei como quero tudo em um livro, e essas são coisas que eu nunca poderia ter feito se não tivesse sido persistente em aprender datilografia.

Agora, voltemos a Elias e Eliseu. Continuando com 2Reis 2, lemos nos versículos 7 e 8:

> Cinquenta discípulos dos profetas os acompanharam e ficaram olhando a distância, quando Elias e Eliseu pararam à margem do Jordão. Então Elias tirou o manto, enrolou-o e com ele bateu nas águas. As águas se dividiram, e os dois atravessaram em chão seco.

Eliseu ficou impressionado, portanto lembre-se disso! O versículo 9 diz:

> Depois de atravessar, Elias disse a Eliseu: "O que posso fazer em seu favor antes que eu seja levado para longe de você?"
> Respondeu Eliseu: "Faze de mim o principal herdeiro de teu espírito profético".

Eliseu não estava satisfeito de ter migalhas do poder de Elias; não estava satisfeito nem mesmo em ter tanto quanto Elias. Ele era um ganancioso espiritual! Queria o dobro! (Ser o principal herdeiro.) E é isso o que cada um de nós deveria ser — um ganancioso espiritual! Amo Eliseu porque ele queria tudo o que Deus tinha para ele!

Vejamos o que Elias disse: "Seu pedido é difícil; mas, se você me vir quando eu for separado de você, obterá o que pediu; do contrário, não será atendido".

Quero que você assinale a palavra "vir" neste livro agora mesmo, porque ela desempenhará um papel importante na sua vida.

> De repente, enquanto caminhavam e conversavam, apareceu um carro de fogo puxado por cavalos de fogo que os separou, e Elias foi levado aos céus num redemoinho. Quando viu isso, Eliseu gritou: "Meu pai! Meu pai! Tu eras como os carros de guerra e os cavaleiros de Israel!" E, quando já não podia mais vê-lo, Eliseu pegou as próprias vestes e as rasgou ao meio. (v. 11,12)

Eliseu podia ter se distraído com muitas coisas. Ele poderia ter pensado: "Uau! Olhe para aquelas árvores hoje. Aquelas folhas estão realmente mudando". Ele era jovem, por isso poderia ter mantido os olhos nas garotas e esquecido de Deus! Mas, como ele era um homem persistente e mantinha os olhos em Elias, viu quando seu mestre partiu num redemoinho. E conseguiu o que queria!

Eliseu era um homem realmente de ação. Vejamos:

> Depois pegou o manto de Elias, que tinha caído, e voltou para a margem do Jordão. Então bateu nas águas do rio com o manto e perguntou: "Onde está agora o SENHOR, o Deus de Elias?" Tendo batido nas águas, elas se dividiram e ele atravessou (2Reis 2.13,14).

Eliseu poderia ter apanhado o manto e dito: "Isto é tão santo e justo que não posso usá-lo". Mas ele sabia que Deus não faz distinção de pessoas, por isso o apanhou e fez o mesmo que Elias havia feito. Ele pensou: "Garoto, vou tocar a água e vê-la dividir-se". *Puf!* Lá se foram as águas! Eliseu viu quando

Elias partiu, e, então, imediatamente pôs em prática o que o tinha visto fazer.

Eu estava ensinando sobre persistência na rádio certo dia e, quando comecei a falar, percebi, de repente, uma dimensão totalmente nova se abrir através da palavra "ver". Comecei a pensar: "Senhor, estamos perdendo coisas por não estarmos vendo com olhos espirituais da forma que deveríamos ver?".

Alguns anos atrás, um evangelista pôs-se em pé numa reunião e disse:

— Um homem veio até mim em uma reunião à noite e me entregou um pequeno pedaço de papel, dizendo: "Irmão, o Senhor me disse para entregar isto a você", e pensei que fosse um pequeno bilhete ou algo parecido. O evangelista colocou o papel no bolso, pensando ser um pedido de oração.

Ele se esqueceu de tudo até chegar em casa, quando então tirou o bilhete do bolso e viu que era um cheque de 100 mil dólares. Sempre fico animada quando outro pastor recebe uma grande oferta, porque nos regozijamos por todos os ministros do evangelho. Estamos a favor de todo ministério cristão que prega o evangelho do Senhor Jesus Cristo! Nenhum de nós, como parte do corpo de Cristo, tem ciúmes das demais partes. Fico animada porque sempre sinto que, se Deus é por um, será por outro, visto que ele não faz distinção de pessoas!

Charles e eu estávamos indo a uma reunião certa noite, e eu disse:

— Como é que ninguém nunca se aproxima de mim e diz: "Frances, o Senhor me disse para dar a você este cheque de 100 mil dólares"? Na verdade, eu estava falando isso para Deus, e ele respondeu: "Isso não acontece porque você nunca *viu* isso".

Essa resposta foi uma surpresa para mim! Comecei a pensar no que Deus havia dito. Descobri que existem dois tipos de visões. Existe a visão sobrenatural, que é o tipo que Deus dá para uma circunstância e um tempo especiais. E existe a visão natural, na qual se pode permanecer na Palavra de Deus e começar a ver uma promessa no espírito, e ela acontecerá.

Creio que estamos vivendo nos dias de Atos 2.17:

> "Nos últimos dias, diz Deus,
> derramarei do meu Espírito sobre todos os povos.
> Os seus filhos e as suas filhas profetizarão,
> os jovens terão visões,
> os velhos terão sonhos".

Todos nós, mais do que nunca, precisamos ser mais sensíveis ao Espírito de Deus e estar conscientes do papel que as visões e os sonhos desempenharão na nossa vida de agora em diante.

No livro *A quarta dimensão*, o dr. Paul Yonggi Cho diz: "Permita que o Espírito Santo venha e vivifique as Escrituras que você lê, e implante visões nos jovens e sonhos nos velhos". Em outro capítulo, ele diz que "o Espírito Santo vem cooperar conosco — para criar, ajudando os jovens a terem visões e os velhos a terem sonhos". Através de visões e sonhos, podemos expulsar o muro de limitações e nos expandir para o Universo. Essa é a razão pela qual a Palavra de Deus diz: "Onde não há revelação divina, o povo se desvia" (Provérbios 29.18). Se você não tem visão, não está sendo criativo; e, se você parar de ser criativo, então perecerá.

"Visões e sonhos são a linguagem da quarta dimensão, e o Espírito Santo se comunica através deles. Somente por meio de uma visão e um sonho, você pode visualizar e sonhar com igrejas maiores. Você pode visualizar um novo campo missionário; você pode visualizar o aumento da sua igreja."

A visão tem de ser dada a você pelo Espírito Santo, ou não acontecerá, porque você não pode usar a sua imaginação para evocar coisas que não estão de acordo com a Palavra de Deus! Mas comece a visualizar de acordo com a Palavra de Deus e veja o que acontece!

Rapidamente eu me voltei para Lucas 6.38, que diz:

> "Deem e será dado a vocês: uma boa medida, calcada, sacudida e transbordante será dada a vocês. Pois a medida que usarem também será usada para medir vocês".

Eu disse: "Pai, Charles e eu temos dado e dado e dado, dado e dado, e agora acho que é hora de recebermos um retorno, porque temos tantas necessidades na Cidade da Luz. Pai, peço-te que me dês uma visão de cheque".

Eu não devo ter tido a fé de 1 milhão de dólares, porque instantaneamente Deus me deu uma visão, mas a visão de um cheque de 1.000 dólares, e tudo o que vi foi a mão de um homem me entregando o cheque.

Uau! Dois versículos vieram à minha mente: "Meu povo foi destruído por falta de conhecimento" e "Onde não há revelação divina, o povo se desvia".[1] E aí estava eu, sentada num carro e com a visão de um cheque de milhares dólares. Isso não era antibíblico, porque eu podia me basear em Lucas 6.38 para saber que a quantia seria dada!

Eu estava muito animada e quase entrei correndo na reunião naquela noite, indagando: "Quem é, Senhor? Quem é?". Eu olhava para cada pessoa que passava e pensava: "Você?" "Não!" "Você?" "Não!" "Você?" "Não!".

Ninguém me entregou um cheque naquela primeira noite.

Eu não disse: "Acho que Deus não quis me dar um cheque". Sou persistente! Chegou a segunda noite e, quando o culto

---

1 Cf. Oseias 4.6 e Provérbios 29.18.

terminou, fiquei em pé junto à mesa de livros e, sempre que alguém se aproximava, eu pensava novamente: "Você?" "Não!" "Você?" "Não!" "Você?" "Não!".

A segunda noite terminou, e ninguém me deu nenhum cheque!

Eu não estava desencorajada, porque ainda tínhamos uma noite! Repeti o mesmo procedimento, e ainda nada de cheque! Entretanto, não desanimei. Quando eu estava empacotando os livros para a próxima parada — numa posição nada espiritual, quase de ponta-cabeça tentando apanhar uma caixa —, um homem se aproximou e disse: "Frances, o Senhor me disse para entregar isto a você". Aleluia! Eu não coloquei o papel no bolso; olhei para ele, ali mesmo! Era exatamente como eu havia visto em espírito — um cheque de 1.000 dólares! Eu quase explodi!

Mal pude esperar para contar a Charles. No dia seguinte, eu estava extremamente animada porque pude ver uma nova dimensão se abrindo na nossa vida. Eu disse:

— Charles, isso é emocionante. Vou pedir a Deus outra visão.

Então vi outro cheque de 1.000 dólares! A minha fé não foi além de 1.000 dólares, mas, com certeza, cerca de duas noites depois, um homem enviou seu filho correndo pelo corredor antes do início do culto, com um cheque de 1.000 dólares. Você sabe por quê? Ele tinha dado 1.000 dólares no ano anterior e havia recebido de volta mais de 100 mil dólares, de modo que ele não podia esperar pelo momento da oferta para começar novamente!

Novamente, vi uma nova dimensão funcionando! Deus estava abrindo os nossos olhos espirituais para vermos mais do que ele tinha para nós! Eu estava realmente animada, mas disse: "Deus, tu poderias me dar uma visão um pouco maior? É que preciso de um pouco mais que um cheque de 1.000 dólares para alcançar as multidões que colocaste no nosso coração".

Na viagem seguinte, estávamos saindo do quarto do hotel para uma reunião quando brilhou na minha mente um cheque de 5 mil dólares. Eu pensei: "Uau! Nunca ninguém colocou um cheque de 5 mil dólares na oferta". Fiquei animada e disse: "Senhor, quer dizer que estás pondo 5 mil dólares na oferta esta noite?". De alguma maneira, da forma pela qual Deus falou, ele me garantiu que o cheque estaria na oferta.

Jamais alguém havia doado tanto dinheiro para nossas ofertas! Ninguém! Glória, quanta expectativa tivemos!

Charles estava ensinando naquela noite e, depois que levantei a oferta, procurei um assento para ficar até o tempo de a ministração terminar. O ar-condicionado estava quebrado, e as luzes da televisão estavam extremamente quentes, por isso procurei uma porta, pensando: "Vou sair do palco porque está muito quente e, quando Charles precisar de mim, voltarei".

Saí do palco e descobri que estava na sala onde os assistentes estavam contando a oferta. Eles disseram:

— Você poderia nos ajudar a contar a oferta?

O meu coração batia realmente forte, porque a primeira coisa que fiz foi tirar todos os cheques. Olhei cuidadosamente para cada um deles, mas não havia nenhum de 5 mil dólares.

Os assistentes estavam contando o dinheiro quando, de repente, notei um pequeno pedaço de papel debaixo das notas e o agarrei! Você nunca viu alguém entrar em ação tão rapidamente na sua vida. Eu abri o papel, e era um cheque de 5 mil dólares para o nosso ministério — a primeira vez que alguém dava um cheque daquele valor numa oferta, exatamente como eu havia visto! Aleluia!

Hoje, vejo no meu espírito um cheque de 1 milhão de dólares para a obra do ministério. Eu o confessei durante quase três anos! Tenho-o visto em espírito e sei que acontecerá!

Como resultado de ver em espírito, comecei a pensar: "Se funciona com dinheiro, por que não funcionaria também em outras áreas?". Comecei a pensar que isso deveria funcionar na área da cura. Dei uma palestra a respeito de visões que incluiu o seguinte:

"Deus nos fez um pacote de ofertas há dois mil anos, mas o problema é que a maioria de nós somente aceita parte desse pacote quando nasce de novo, porque não compreende que existe mais do que um brinde na cesta!"

"Quando todas as igrejas começarem a pregar o pleno significado da salvação, você verá que as pessoas não salvas, doentes e cheias de demônios sairão salvas, curadas, libertas e batizadas com o Espírito Santo, tudo ao mesmo tempo!"

"Muitas pessoas acreditam que a salvação envolve apenas uma coisa: vida eterna! Biblicamente, entretanto, a salvação abrange muitas coisas, das quais a vida eterna é somente uma! A palavra grega *soteria*, que traduzimos por 'salvação', também inclui o significado de 'livramento', 'saúde', 'resgate' e 'segurança'."

"Quantos de vocês acreditam que Jesus levou sobre si todas as nossas enfermidades no Calvário? Cada uma daquelas 39 chibatadas aplicadas sobre suas costas foi uma doença diferente."

Acredito que, quando Jesus estava na cruz, ele tinha a aparência mais desumana jamais vista. Creio que seu corpo foi tão exaurido pela dor que nem sequer seria reconhecido como um ser humano, porque você consegue imaginar toda a paralisia cerebral desde o primeiro até o último homem da terra sobre o corpo de Jesus? Imagine-o com todos os cânceres do mundo desde o primeiro até o último ser humano.

Todos os casos de diabetes desde a primeira até a última pessoa da terra sobre o corpo de Jesus! Cite qualquer doença, e ela estava sobre o corpo de Jesus! Cada um desses casos, desde o primeiro até o último ser vivente.

Não acredito que Jesus parecia na cruz como a maioria dos artistas o retrata. Creio que ele nem sequer lembra o Jesus que percorreu o caminho até o Gólgota!

Isaías 52.14 diz:

> [...] houve muitos
>   que ficaram pasmados diante dele;
> sua aparência estava tão desfigurada,
>   que ele se tornou irreconhecível como homem;
> não parecia um ser humano.

Agora, por que eles ficaram pasmados ao olharem para Jesus? Porque seu corpo parecia terrível! Você consegue imaginar todo o dano cerebral do mundo sobre ele? Consegue imaginar todas as doenças deformantes sobre ele? Milhões de todos os tipos de doenças, todas elas sobre Jesus ao mesmo tempo!

Você acha que seus dedos estavam retos? Não, acho que seu corpo estava tão torto que nunca o teríamos reconhecido. É por isso que eles disseram que era um objeto de horror, e que sua face e toda sua aparência estavam tão desfiguradas, mais do que qualquer ser humano, porque ninguém jamais suportou tanto em seu corpo como Jesus!

Então Isaías 53.10 diz: "Contudo, foi da vontade do Senhor esmagá-lo e fazê-lo sofrer". Foi da vontade de Deus fazê-lo sofrer! Por quê? Porque ele amou tanto a você e a mim que pôs o sofrimento sobre Jesus para que não houvesse necessidade de termos doenças!

Isaías 53.5 diz:

> Mas ele foi traspassado
>   por causa das nossas transgressões,
> foi esmagado por causa
>   de nossas iniquidades;
> o castigo que nos trouxe paz
>   estava sobre ele, e pelas suas feridas
>   fomos curados.

Nós somos curados e restaurados!

Sabe por que alguns de nós não recebemos a cura de que precisamos? Porque não podemos vê-la em Jesus. No dia em que os nossos olhos espirituais forem abertos e começarmos a ver a nossa cura em Jesus, a quem ela pertence, nesse dia você e eu receberemos qualquer cura de que precisarmos! Quando começarmos a ver as nossas doenças em Jesus, a quem elas pertencem, a cura se tornará uma realidade na nossa vida!

Comece a ver isso em seu próprio favor! Comece a vê-lo em favor de outras pessoas. Ao começar a vê-lo, isso acontecerá na sua vida. Você começa a ver o seu corpo deformado no corpo de Jesus, e esse corpo será restaurado!

Mas seja persistente! Se você não receber a cura na primeira vez em que "vir" a sua doença em Jesus, continue tentando! Continue vendo a sua doença em Jesus, a quem ela pertence! Tenho uma pequena anotação em minha Bíblia, que diz: "Ele a levou; então não tem sentido que nós dois a levemos!".

Na primeira noite em que dei essa palestra, acreditando que as pessoas poderiam ver suas doenças em Jesus, eu disse com muito cuidado:

— Se no auditório há alguém que pode ver sua enfermidade sobre Jesus, quero que venha até a frente.

Foi um momento muito tenso para mim, porque eu sabia que estava me aventurando em uma nova área da cura. Um homem veio à frente, e eu lhe disse:

— Qual é o seu problema?

Ele disse:

— Sofri um acidente de trabalho cerca de catorze ou quinze anos atrás. A minha omoplata endureceu, e não consigo levantar o braço, mas, enquanto você estava falando esta noite, comecei a ver isto em Jesus, e não demorou muito e comecei a ver Jesus com o ombro endurecido. Então eu me vi balançando o braço como se estivesse jogando beisebol, e olha que eu não era capaz de movimentá-lo havia catorze anos!

Enquanto falava, o homem pôs sua fé em ação e balançava o braço da mesma maneira que me descreveu ter feito em sua visão! Glória, isso estava funcionando também na cura!

Outra mulher ficou animada ao ver o homem curado, porque tinha o mesmo problema, e o braço dela também foi completamente curado naquela noite.

A nossa fé estava realmente aumentando na área da cura, por isso dei a mesma palestra em outra cidade e comecei a ver o que ela estava fazendo às pessoas e como seus olhos espirituais estavam sendo abertos. Novamente fiz o mesmo convite e fui muito cuidadosa ao dizer:

— Desta vez quero que venham à frente somente aqueles que realmente viram seus problemas em Jesus!

Perguntei à primeira mulher o que ela viu, e ela contou:

— Eu vejo o meu esôfago cheio de furos. Vejo o meu corpo cheio de artrite. Eu tenho artrite nos cotovelos, nos joelhos, nos quadris e por toda parte do meu corpo.

Sabe o que ela recebeu? Nada, porque ela não viu a artrite sobre Jesus. Ela a viu em si mesma. Ela estava olhando para as coisas no âmbito natural; não as estava olhando para Jesus.

Outra mulher estava numa cadeira de rodas. Eu perguntei:

— Querida, o que você vê?

Ela contou:

— Vejo-me andando por todo este palco nesta noite.

— Você vê? — perguntei.

Ela respondeu:

— Sim.

— Quanto tempo faz que você não anda? — perguntei.

Ela respondeu:

— Eu nunca andei. Tive poliomielite quando criança, e nunca andei!
A minha fé estava realmente em risco! Mas acredito que para Deus nada é impossível!
Ela continuou:
— Vejo a minha poliomielite sobre o corpo de Jesus!
Então, tal como Elias disse a Eliseu, eu declarei:
— Se você a viu em Jesus, assim será para você.
Depois, eu repeti o texto que costumo citar: "Não tenho prata nem ouro, mas o que tenho, isto lhe dou. Em nome de Jesus Cristo, o Nazareno, ande" (Atos 3.6).

A mulher se levantou e andou, porque viu que não tinha mais poliomielite; estava a doença sobre Jesus, dois mil anos atrás, a quem ela pertencia. Ela não andou como você ou eu andamos, mas mesmo assim andou! Pernas que nunca haviam andado desde a infância agora davam passos pelo auditório!

A essa altura, a minha fé havia realmente aumentado, e eu estava pronta para me tornar uma tigresa. Eu sabia que qualquer pessoa que fosse capaz de ver suas enfermidades lançadas sobre Jesus poderia ser curada!

Uma mulher de mais ou menos 80 anos, que estava horrivelmente aleijada por causa de uma artrite reumatoide, entrou em uma das nossas reuniões em que fiz a mesma palestra, e eu quis expulsar dela o demônio que havia causado a horrível artrite. Ela foi a primeira no final da palestra, e seus dedos aleijados se endireitaram, suas costas se corrigiram, e cada pedaço daquela artrite reumatoide a deixou! Ela se curvou e tocou os dedos do pé com os dedos da mão. Glória a Deus, ela havia realmente visto a enfermidade sobre o corpo de Jesus, a quem ela pertencia! Naquele mesmo culto, vimos um homem católico que estava tão aleijado com artrite que havia anos não era capaz de amarrar o cadarço dos sapatos. Ele se sentou na fileira da frente e tentou desamarrar os cadarços, demonstrando que tinha visto sua doença sobre Jesus!

Tivemos certo ano o privilégio de ser os palestrantes na Conferência Carismática de Pittsburgh, e a nossa sensibilidade ao Espírito Santo realmente gerou resultados. Às vezes, isso é tão contrário à sua mente natural que parecerá quase impossível para você agir, mas faça-o mesmo assim!

Uma mulher veio a mim antes do início da conferência e disse:

— A minha irmã está morrendo. Ela está em tratamento intensivo faz quatro meses. Os médicos disseram que ela não sobreviverá nem mesmo até o final do culto, mas, de qualquer forma, eu a trouxe. Você poderia orar por ela?

Normalmente eu teria saído como um foguete, mas Deus me examinou e disse: "Dê a ela a Palavra primeiro!". Lembre-se de Salmos 107.20: "Ele enviou a sua palavra e os curou, e os livrou da morte".

Não podíamos ver a garota porque estávamos abaixo do nível do palco; por isso, quando subimos no palco, eu a vi pela primeira vez. O meu primeiro pensamento foi: "Ó Deus, não a deixes morrer durante este culto". Nunca vi uma pessoa que parecesse tão morta sem estar morta em toda a minha vida! Sua cabeça pendia para o lado, e sua língua estava pendurada fora da boca.

Charles deu uma olhada na jovem e achou que ela estivesse morta. Ele disse:

— Deus, o milagre que queres esta noite é que ressuscitemos alguém dentre os mortos?

Nunca havíamos ressuscitado ninguém ainda, mas estávamos prontos.

Durante todo o culto, fiquei olhando para aquela garota. Sua cabeça nunca mudou de posição. Ela nunca abriu os olhos.

Nada — absolutamente nada — aconteceu! Mas quando eu falei: "Se você vir, assim será sobre ti", Deus disse: "Desça e ministre sobre ela agora!".

Quando Charles e eu descemos até aquela jovem, todos no auditório se levantaram, perguntando o que iria acontecer! Fui até a garota e perguntei:

— Você ouviu o que eu disse?

Uma voz fraca chegou até mim:

— Ah-hah.

Eu disse:

— Você compreendeu o que eu disse?

A mesma voz fraca respondeu:

— Ah-hah.

Eu disse:

— O que você vê?

Ela disse:

— Vejo-me completamente curada esta noite e a minha enfermidade devolvida a Jesus.

Observe que ela especificou um tempo: "esta noite".

Eu continuei:

— Elias disse: "Se você me vir quando eu for separado de você, terá o que pediu; do contrário, não será atendido" (2Reis 2.10).

Novamente eu disse:

— "Não tenho prata nem ouro, mas o que tenho, isto lhe dou. Em nome de Jesus Cristo, o Nazareno, ande" (Atos 3.6).

Ela pulou da cadeira de rodas cheia do poder de Deus e andou por todo o longo corredor do salão da Universidade Duquesne ao lado de Charles. Eles fizeram todo o percurso de ida e volta.

Aquela jovem estivera na UTI do hospital por causa de uma hemorragia que durou quatro meses. Os médicos disseram que ela morreria antes de o culto terminar porque estava numa condição péssima, mas agora ali estava ela, andando para cima e para baixo pelo corredor do salão, na maior diversão!

No dia seguinte, a jovem corria pelo *campus* da Universidade Duquesne, dizendo:

— Eu nem sequer me sinto fraca!

Ela viu sua enfermidade sobre o corpo de Jesus!

Milagres acontecem quando vemos os nossos problemas sobre Jesus, que os levou todos por nós!

Fomos a outra cidade, onde pregamos sobre um palco circular. Uma mulher, que tinha esclerose múltipla, foi levada à frente. Eu lhe perguntei:

— O que você vê?

Ela respondeu:

— Eu me vejo curada de esclerose múltipla porque ela está sobre o corpo de Jesus. E você sabe o que mais eu vejo?

— Não, o que você vê? — perguntei.

— Eu me vejo correndo em círculos neste palco.

Eu repeti o que Elias disse:

— "Se você me vir quando eu for separado de você, terá o que pediu". Você viu isso em seu espírito; agora veremos isso no mundo natural.

Aquela mulher começou a correr em círculos em torno do palco. Segurei seu braço, contudo ela quase arrancou a minha mão, dizendo:

— Eu me vi correndo sem ajuda!

Glória, aleluia! Ela não correu pelo palco circular somente uma ou duas vezes; ela deve ter corrido pelo menos dez vezes. Por quê? Porque tinha entrado numa nova dimensão e viu a doença sobre o corpo de Jesus Cristo, a quem ela pertencia!

Eu poderia escrever um livro inteiro sobre pessoas que receberam cura ao verem suas doenças sobre Jesus, mas creio que podemos entrar no mundo sobrenatural em muitas outras áreas. Penso no pastor Cho, quando ele pregou para lugares vazios, mas ele nunca se deteve. Ele pregou com os olhos fechados e viu cada assento ocupado. Ele viu um auditório de 100 mil assentos repleto de gente, mas, se tivesse aberto os olhos, você sabe o que teria visto? Quinze, 20 ou talvez 30 pessoas. Ele manteve os olhos fechados. Em seu espírito, ele começou a ver aquele grande auditório completamente cheio. Na data de publicação do original desta obra, ele tinha uma igreja com 150 mil membros e via em seu espírito uma igreja de 500 mil! Acredito que isso nunca teria acontecido se o pastor Cho tivesse aberto os olhos e pensado: "Ah, hoje há apenas quinze pessoas no templo". Ele fechou os olhos e viu, em seu espírito, um auditório transbordando de pessoas. Ele viu um auditório com pessoas de pé. Ele não viu o que realmente estava lá, porque imaginou os não salvos vindo a Jesus em um número sem precedentes! Glória!

Quero enfatizar que, quando falo sobre ver, não estou falando sobre imaginar, mas sobre ter fé de que algo acontecerá! A sua imaginação o pode levar a problemas, mas uma visão de fé pode trazer a você respostas!

Na Cidade da Luz, Deus nos deu uma visão. Posso ver a maior orquestra do mundo na Cidade da Luz. Vejo Deus trazendo músicos de todo o país para tocar na Cidade da Luz. Agora, certamente não temos essa possibilidade, mas sei que será uma realidade porque vi com os olhos espirituais.

Vejo a nossa Escola de Ministério transbordando de estudantes. Vejo tantos estudantes que nem teremos espaço suficiente para eles. É isso o que vejo no meu espírito. Vai acontecer. Acredito nisso com todo o meu coração. Acredito com a minha alma e acredito com a minha mente!

Creio que veremos a glória de Deus na cura se apenas começarmos a abrir o nosso espírito para ver as coisas que Deus tem para nós em vez de olhar o que o Diabo tem para nós. Muitas pessoas acham mais fácil acreditar no que o Diabo quer que vejamos do que no que Deus tem para nós, mas é preciso uma pequena visão sobrenatural para olhar para uma área e ver o que Deus tem para você! O Diabo quer ver você doente e na pobreza, mas Deus disse: "Amado, oro para que você tenha boa saúde e tudo corra bem, assim como vai bem a sua alma" (3João 2).

Se você precisa de cura, veja isso!
Se você precisa de dinheiro, veja isso!
Se você precisa de livramento, veja isso!
Se você precisa de um companheiro ou uma companheira, veja isso!
Se você precisa de salvação para seu marido ou sua esposa, veja isso!
Se você precisa de salvação para seus filhos, veja-os com Bíblias debaixo do braço, pregando o evangelho!

Essa é uma dimensão espiritual e sobrenatural que pode ser a mais recompensadora; entretanto, quero prevenir você de não permitir que a sua imaginação se deixe levar. Não tente visualizar algo que você não pode ajustar à Palavra de Deus. Ajuste sua visão à Palavra de Deus e então veja acontecer que o que você vê é o que consegue!

Capítulo 8

Algumas condições para cura

Frances

É uma surpresa para muitas pessoas o fato de existirem condições para o poder de Deus curar! Mesmo assim, à medida que continuar lendo, quero lembrar você o tempo todo de que Deus é soberano! Deus pode fazer exatamente o que quiser, quando quiser e a quem quiser!

No exato momento em que pensamos ter tudo sob controle e saber tudo que é preciso sobre um jeito particular de curar, sabe o que acontece? Deus nos dá um banho de água fria e diz: "Agora, veja: quero mostrar a você que posso agir também de outro modo!".

Entretanto, há muitas orientações básicas que precisamos de fato seguir, e uma delas é compreender que, em muitas situações, existem condições.

Em toda a sua Palavra, Deus é um Deus da "nossa" parte e da parte "dele".

Nós fazemos a nossa parte, e então Deus faz a parte dele.

Deus diz: "Faça isto, e eu farei aquilo!".

Ele é um Deus de amor, um Deus de misericórdia, um Deus de graça, mas ele estabelece restrições porque todos nós precisamos seguir regras!

Ocorre a mesma coisa com um filho. Se você criasse um filho sem nenhuma restrição, acabaria com uma espécie de animalzinho em casa, não acabaria? Se você deixasse seus filhos comerem o que quisessem, o que eles escolheriam? Doces, doces, doces e mais doces! Quando eles crescessem, não teriam nenhum dente. Seriam doentes; não teriam um corpo forte. Por isso nós, como pais, criamos os nossos filhos de forma adequada, com restrições dietéticas. Precisamos ver se os alimentos que eles comem são bons para sua saúde em vez de os fazerem fracos e doentios.

Malaquias 4.2 diz: "Mas, para vocês que reverenciam o meu nome, o sol da justiça se levantará trazendo cura em suas asas. E vocês sairão e saltarão como bezerros soltos do curral".

Qual é a condição que acompanha esse texto? É apenas "para vocês que reverenciam o meu nome!". Esse não é o tipo de temor que o Diabo põe em nós. É um tipo de temor que todos nós precisamos ter — o temor, ou reverência, a Deus. Se você quiser cura em seu corpo, Malaquias 4.2 diz que uma condição é reverenciar (temer) ao Senhor!

Há pessoas hoje neste mundo que não temem o Senhor. Há pessoas que amaldiçoam Deus até o fim. Você pode perguntar: "Ele não cura pecadores?". Sim, uma vez que Deus é soberano, pode curar da mesma forma o santo e o pecador!

Certa noite, em uma reunião de milagres, um agnóstico estava sentado na galeria zombando do que ele pensava ser apenas uma série de "encenações" de cura. Charles apontou para a galeria e disse:

— Alguém na galeria tem um grande nódulo debaixo do braço. Isso tem sido doloroso para você, e você acaba de ser curado!

Exatamente aquele homem descrente é que tinha um tumor do tamanho de uma bola de beisebol debaixo do braço, e o tumor desapareceu instantaneamente! Ele desceu correndo para o palco o mais depressa que pôde e mudou de ideia sobre não crer! Milagres farão um pecador dar uma reviravolta radical! A Bíblia diz: "Confie no Senhor de todo o seu coração e não se apoie em seu próprio entendimento" (Provérbios 3.5). Será que ela diz: "Confie no Senhor um pouco; confie no Senhor no domingo, mas não se preocupe na segunda, na terça ou na quinta-feira"? Não, ela diz:

> Confie no Senhor de todo o seu coração
> e não se apoie
> em seu próprio entendimento;
> reconheça o Senhor
> em todos os seus caminhos,
> e ele endireitará as suas veredas.
> Não seja sábio aos seus próprios olhos;
> tema o Senhor e evite o mal (Provérbios 3.5-7).

O versículo 7 nos dá as condições, e o versículo 8 nos dá a recompensa: "Isso dará a você saúde ao corpo e vigor aos ossos". "Aprender a confiar" é um bom remédio!

Se você quer ter seus nervos curados, obedeça às condições anteriormente citadas e veja o que acontece! É a melhor cura que conheço!

A última frase também fala claramente a todos nós, porque nos exorta a evitarmos inteiramente o mal. Não um pouco, mas por inteiro!

No mundo em que vivemos hoje, somos assediados por tentações todos os dias da nossa vida. Mas o que Deus diz? Ele diz para evitarmos completamente o mal!

Você não pode viver em pecado e esperar o melhor de Deus.

Você não pode viver na oficina do Diabo parte do tempo e esperar a abundante vida de Deus fluir sobre a sua vida.

Você não pode viver sob o controle do Diabo e esperar que as bênçãos de Deus o alcancem e vençam, porque Deus o exorta a afastar-se inteiramente do mal.

Quem tem de se afastar? Nós! Deus não nos afasta; ele nos dá todo o poder de que precisamos, mas deixa a responsabilidade conosco e exorta a nos afastarmos completamente do mal.

Existe a condição, e existe a promessa. Se todos os "colapsos nervosos" do mundo apenas se apoiassem, confiassem, cressem em Deus e cumprissem o restante das Escrituras, teríamos menos colapsos nervosos.

E se você fosse um pecador e tivesse sido salvo? Você teria de tornar-se são antes de poder se tornar cristão? Não, mas às vezes é preciso tornar-se cristão antes de se tornar são!

Antes de ser salva, eu tomava 19 comprimidos para tireoide todos os dias. O médico me disse que tomei mais remédio para tireoide do que qualquer pessoa na história médica que ele já havia visto. A medicação fora uma tentativa de corrigir uma insuficiência adrenal do meu corpo.

Eu era vítima da doença de Addison e, às 3 horas da tarde, nem parecia um ser humano. A minha pele se tornava cinzenta, quase negra, e então eu desmaiava!

Deus falou comigo certo dia num hospital, e comecei a buscá-lo, embora tivesse dificuldade em admitir que era pecadora. Nove meses se passaram antes de eu ser salva; mas, quando fui, soube que queria tudo o que Deus tinha para mim. Queria me apoiar nele, confiar nele, crer nele e, certamente, queria me afastar de todo mal que conhecia.

Deus viu o meu coração e, no dia em que fui salva, ele me curou instantaneamente! Nunca mais tomei outro comprimido para tireoide desde o dia em que fui salva, porque o poder curador de Deus passou pelo meu corpo e fui total e instantaneamente curada da doença de Addison, que normalmente é fatal. Eu nem sequer me dei conta disso até algumas semanas depois, quando me lembrei de que não tinha tomado nenhuma medicação! Você talvez questione por que eles me deram remédio para tireoide em vez de cortisona, pois isso era incomum no tratamento da doença de Addison! Os médicos disseram que a minha tireoide havia sido destruída por uma overdose de cortisona e, por causa disso, eles prescreveram as superdoses de remédio para tireoide. Apesar disso, hoje tenho uma glândula tireoide perfeitamente normal! Glória a Deus!

Vejamos outra promessa condicional. Está em Salmos 128.1: "Como é feliz quem teme o SENHOR, quem anda em seus caminhos!". Você sabia que pode confiar no Senhor, temê-lo e ainda ser desobediente? Sim, você pode! Sei de pessoas que vão a cultos de louvor e dizem: "Aleluia, Senhor, eu te bendigo; Senhor, eu te louvo", mas depois saem da igreja diretamente de volta ao pecado. Muitas pessoas fazem isso sem ao menos se dar conta do que estão fazendo. Mas a Bíblia diz: "Como é feliz quem teme o SENHOR, quem anda em seus caminhos!". A cura é parte dessa felicidade.

Deus tem muitas leis naturais. Há um tempo para tudo. Há tempo para ficar acordado e há tempo para dormir. Deus espera que você cuide do seu corpo. Se você quiser permanecer saudável, não pense que pode ficar acordado noite após noite sem cair doente ou em condições precárias. Eu preciso de oito horas de sono a cada noite — algumas pessoas precisam de um pouco mais, outras de um pouco menos. Mas não se pode descuidar das leis de Deus relacionadas à saúde e ainda assim manter um corpo saudável. Há um preço a pagar se isso for feito!

Fumei durante trinta e cinco anos e no final consumia cinco maços de cigarros por dia! O corpo sofre quando se fuma durante tantos anos. É a pior coisa do mundo para o sistema circulatório. Muitas pessoas morrem de câncer do pulmão, e muitas morrem do endurecimento das artérias por não cuidarem do corpo; continuaram fumando, fumando, fumando, independentemente de quanto Deus e o governo dizem que isso é nocivo. Ora, isso é estúpido, não é? É exatamente como pegar uma faca e cortar a garganta um pouquinho por dia. Em breve você terá a cabeça cortada!

O salmo 128 segue dizendo: "Você comerá do fruto do seu trabalho e será feliz e próspero" (v. 2). A sua recompensa por obedecer ao Senhor será a prosperidade e a felicidade! O texto dá ainda alguns detalhes:

> Sua mulher será como videira frutífera
>   em sua casa;
> seus filhos serão como brotos de oliveira
>   ao redor da sua mesa.
> Assim será abençoado
>   o homem que teme o SENHOR! (v. 3,4).

Gosto muito do que a Bíblia diz em Hebreus 11.6: "Sem fé é impossível agradar a Deus, pois quem dele se aproxima precisa crer que ele existe e que recompensa aqueles que o buscam". Deus recompensa quem o busca e nele confia. Creio que a saúde divina é uma das recompensas que Deus dará se você o buscar diligentemente. Creio que a cura é uma das bênçãos para as pessoas que o procuram com insistência. Existem outras bênçãos!

Deus recompensará você com felicidade.
Deus recompensará você com vida abundante.
Deus recompensará você nas finanças.
Deus recompensará você com uma esposa ou um marido de boa aparência!

Cura e saúde são duas das coisas mais importantes que podemos desejar. Se você tivesse de escolher entre ter saúde e ter riqueza, seria muito melhor ter saúde. Não adiantaria nada ter todo o dinheiro do mundo se você estivesse sempre sofrendo.

Em Deuteronômio 28, Deus nos ensina muitas de suas condições para obtermos a saúde divina. A primeira condição é: "Se vocês obedecerem fielmente ao SENHOR, o seu Deus" (v. 1).

"Obedecer fielmente" significa ouvir com a mente, com o coração, com o corpo, com a alma — basicamente com tudo o que você tem! E isso não significa ouvir a Deus enquanto você está assistindo à televisão, ouvindo o rádio ou prestando atenção na fala de alguém ao mesmo tempo. Significa que você ignora todo o resto e ouve apenas o Deus onipotente, porque ele às vezes diz coisas que são muito suaves e silenciosas!

A segunda parte da condição dada em Deuteronômio 28.1 é esta: "[...] e seguirem cuidadosamente todos os seus mandamentos que hoje dou a vocês". Não adianta você ouvir a Deus e não fazer o que ele diz! Isso tem conexão com este outro versículo que lista todas as bênçãos para aqueles que lhe obedecem: "Se vocês [...] seguirem cuidadosamente todos os seus mandamentos que hoje dou a vocês", diz Moisés, "o SENHOR, o seu Deus, os colocará muito acima de todas as nações da terra" (Deuteronômio 28.1).

Você precisa ouvir a voz do Senhor, seu Deus, e então ser um praticante da Palavra, não apenas um ouvinte. (V. Tiago 1.25.)

Muitas pessoas correm de uma reunião para outra, de uma conferência carismática para outra, de uma reunião do evangelho completo para outra, de uma igreja para outra, de um orador especial para outro, e nunca saem para praticar o que aprenderam!

Espero que este livro estimule você a parar de ser um "saltador de conferências" e, em vez disso, o impulsione a sair e fazer algo para o Senhor! Essa é uma das formas pelas quais a bênção de cura e saúde virá sobre você.

Vejamos uma passagem semelhante em Isaías:

> "O jejum que desejo não é este:
> soltar as correntes da injustiça,
> desatar as cordas do jugo,
> pôr em liberdade os oprimidos
> e romper todo jugo?
> Não é partilhar sua comida
> com o faminto,
> abrigar o pobre desamparado,
> vestir o nu que você encontrou,
> e não recusar ajuda ao próximo?
> Aí sim, a sua luz irromperá
>   como a alvorada,
> e prontamente surgirá a sua cura;
> a sua retidão irá adiante de você,
> e a glória do SENHOR estará
>   na sua retaguarda" (Isaías 58.6-8).

Deus irá curar você! Ele o irá curar se você viver o tipo de vida para a qual o chamou.

Aqui está outra passagem conhecida que enfatiza esse mesmo ponto:

> "Se vocês derem atenção ao SENHOR, o seu Deus, e fizerem o que ele aprova, se derem ouvidos aos seus mandamentos e obedecerem a todos os seus decretos, não trarei sobre vocês nenhuma das doenças que eu trouxe sobre os egípcios, pois eu sou o SENHOR que os cura" (Êxodo 15.26).

Aqui, novamente, Deus está dizendo que precisamos ouvi-lo e obedecer-lhe.

Outra passagem muito conhecida, Malaquias 3.10, nos dá as seguintes instruções:

"Tragam o dízimo todo ao depósito do templo, para que haja alimento em minha casa. Ponham-me à prova", diz o Senhor dos Exércitos, "e vejam se não vou abrir as comportas dos céus e derramar sobre vocês tantas bênçãos que nem terão onde guardá-las".

Nós ouvimos esse versículo repetidas vezes. Mas olhe para o versículo que vem em seguida, porque ali está registrado o que acontece quando se pratica o que diz Malaquias 3.10: "'Impedirei que pragas devorem suas colheitas, e as videiras nos campos não perderão o seu fruto', diz o Senhor dos Exércitos" (v. 11).

Há uma promessa de bênção para muitos nesse versículo! Permita-me mostrar o que isso significa. Vários anos atrás, um pastor me procurou no final do culto e disse:

— Temos uma família missionária aqui com dois filhos que têm distrofia muscular. Eles querem que você ore em favor deles.

A distrofia muscular é uma doença incurável que destrói todos os músculos e é geralmente fatal. Cremos que uma doença incurável é causada por um espírito; então, quando deparamos com uma doença incurável, sabemos que o espírito precisa ser expulso.

Normalmente eu teria expulsado o espírito de distrofia muscular, mas Deus me disse algo antes de começar. Ele falou:

— Pergunte se eles dão o dízimo!

Uau! Essa era uma pergunta difícil de ser feita numa igreja em que havia provavelmente 1.200 pessoas ouvindo cada palavra que eu dissesse. É preciso muita coragem para fazer uma pergunta como essa a um missionário, especialmente na frente de toda a congregação, mas Deus havia dito:

— Pergunte se eles dão o dízimo.

Com temor e tremor diante do Senhor, indaguei:

— Irmão, antes de eu impor as mãos em seus filhos, posso fazer uma pergunta?

— Sim — ele respondeu.

Eu prossegui:

— Vocês dão o dízimo?

— Eu dou o dízimo desde que me converti — ele respondeu.

— Aleluia! — eu disse. — Então vou me apoiar em Malaquias 3.11, que é um versículo do qual muitos se esquecem: " 'Impedirei que pragas devorem suas colheitas, e as videiras nos campos não perderão o seu fruto', diz o Senhor dos Exércitos".

Eu proclamei:

— Deus não permitirá que a sua videira perca o seu fruto; ele não permitirá que os seus filhos morram antes do tempo. Porque vocês deram o dízimo e foram fiéis ao Senhor em dar, imponho as mãos nessas crianças e anuncio a cura em nome de Jesus.

Em seguida, expulsei o espírito de distrofia muscular. Naquele momento, não vi nenhuma evidência visível de cura, mas, na manhã seguinte sua filhinha levantou-se da cama por si mesma pela primeira vez em anos e saiu "saltando como bezerros soltos do curral" (cf. Malaquias 4.2). Aleluia!

Por que os filhos daquele homem receberam a cura? Porque ele fora fiel em dar a Deus, e Deus recompensa quem o busca diligentemente! Que alegria houve no coração daquela família, porque a obediência trouxe recompensas!

Existem muitas maneiras diferentes de curar, e muitas condições diferentes a cumprir, mas tenha em mente que Deus é soberano; ele pode fazer o que quiser. Ele pode passar por cima de qualquer das condições que mencionei.

Alguma vez você viu um pecador podre e fedorento ser curado e pensou: "Bem, Deus, ele nunca te deu uma moeda em toda a vida; ele é podre; ele não te ama; ele até usa o teu nome em vão — e tu o curas?". Você já questionou Deus a respeito de algo assim?

Independentemente de como você se sente, lembre-se de que Deus é soberano! Ele não age assim pelo fato de você pensar que ele deve fazer isso; ele age do jeito dele porque é um Deus soberano! Lembremo-nos sempre de buscar a Deus, não apenas a cura!

Capítulo 9

A unção com óleo

Charles

Logo depois que Frances e eu recebemos o batismo com o Espírito Santo, fomos compartilhar o evangelho em Indiana. Nessa época, Frances era a única oradora na nossa família; eu era apenas o contador que andava colado a ela. Entretanto, ela percebeu a oportunidade de eu dar um pequeno testemunho em cada local onde ela falava.

Naquela reunião específica, comecei a compartilhar o meu testemunho de três minutos, como de costume, quando uma intensa unção do Espírito Santo caiu sobre mim. Durante quase uma hora, textos e tópicos de ouro da Palavra de Deus fluíram da minha boca. A mensagem foi tão divinamente ungida que até as criancinhas ficaram sentadas, completamente fascinadas, sem se mover por nem um minuto. Foi um ato sobrenatural de Deus!

Havia duas cadeiras no púlpito à minha esquerda; Frances ocupava uma delas, e a outra estava vazia. O pastor estava sentado na fileira de bancos da frente com sua esposa. Frances ficou maravilhada ao ver a maneira pela qual a poderosa unção de Deus estava transformando seu marido.

Depois de um bom tempo, Frances sentiu a manga de seu vestido se mover com uma brisa leve, aparentemente provocada por alguém sentado a seu lado. Ela presumiu ser o pastor que teria levantado para lembrá-la de que ele a havia convidado para falar, não a mim.

Passaram-se mais alguns minutos, e então alguém puxou sua manga, de modo que Frances decidiu que seria melhor olhar para ver o que o pastor queria. Quando ela se virou, ficou chocada ao descobrir que não era o pastor! Sentado junto dela, olhando descontraidamente, com os braços sobre o apoio da cadeira e as pernas cruzadas, estava Jesus!

Sua forma era claramente visível, porém transparente! Um brilho azul suave e cintilante cercava todo o seu ser! Mais tarde, Frances disse:

— Eu estava totalmente subjugada pela presença de Deus! Não conseguia desviar os olhos dele.

Jesus olhou para Frances, depois apontou para a garrafa de azeite no estande ao lado do púlpito e disse:

— Isso simboliza o Espírito Santo.

Em seguida, ele apontou para mim e disse:

— Esse é o verdadeiro azeite! A unção está em Charles; deixe-o falar esta noite!

Você deve lembrar-se de que, no Antigo Testamento, o azeite é um símbolo do Espírito Santo.

Depois de falar por quase uma hora, eu parei de repente e disse:

— Vocês vieram para ouvir Frances esta noite, e devo parar!

Então Frances, com a glória de Deus sobre ela, postou-se rapidamente ao microfone e contou ao auditório o que acabara de acontecer, relatando que Jesus havia dito que Charles deveria falar porque a unção estava sobre ele!

Durante alguns instantes, lutei na carne ao reiniciar a fala, mas logo a unção começou a fluir! Que noite foi aquela! Depois do culto, alguém no auditório me disse que tinha notado a luta pela qual eu estava passando ao recomeçar a fala, por isso ele orou para que a unção retornasse. Essa pessoa contou que ondas de poder começaram na fileira de bancos de trás e se moveram para a frente, ganhando impulso até chegarem ao púlpito e então descerem sobre mim!

Que noite de glória e poder! Um dos homens que estava na congregação saiu da igreja por volta das 11 horas correndo pelas ruas da pequena cidade, batendo às portas e dizendo: "O Espírito Santo desceu! O Espírito Santo desceu!". Segundo os relatos, chamas foram vistas saindo de seu casaco!

Mais tarde, comecei a meditar nas Escrituras sobre a unção com óleo e a oração pelos enfermos. Perguntei: "Deus, por que precisamos ungir com óleo, que é apenas símbolo do Espírito Santo, uma vez que recebemos o verdadeiro poder pelo batismo com o Espírito Santo?". Tiago 5.14,15 está no Novo Testamento e foi escrito depois que os discípulos receberam o batismo do Espírito Santo.

> Entre vocês há alguém que está doente? Que ele mande chamar os presbíteros da igreja, para que estes orem sobre ele e o unjam com óleo, em nome do Senhor. A oração feita com fé curará o doente; o Senhor o levantará. E, se houver cometido pecados, ele será perdoado.

Eu pensei: "Jesus, antes do Pentecoste, tu disseste aos 12 apóstolos que saíssem de dois em dois e lhes deste poder sobre espíritos imundos. Eles fizeram o que ordenaste, e a tua Palavra registra: 'Eles saíram e pregaram ao povo que se arrependesse. Expulsavam muitos demônios e ungiam muitos doentes com óleo e os curavam'" (Marcos 6.12,13).

"Por que, Jesus, precisamos ungir com óleo para curar o doente se temos o poder para fazer isso pelo batismo do Espírito Santo?"

A razão que ele me deu é esta: Deus ama cada cristão igualmente. Ele não ama os que receberam o batismo com o Espírito Santo mais do que ama os cristãos que ainda não receberam o dom de poder prometido. "Eu envio a vocês a promessa de meu Pai; mas fiquem na cidade até serem revestidos do poder do alto" (Lucas 24.49).

Uma vez que Deus ama a todos nós e quer que estejamos com saúde, providenciou uma forma diferente para que a cura pelo Espírito Santo flua de um cristão cheio do Espírito para um corpo doente. Ele também fez provisões para que aqueles que o amam e o servem pudessem lhe pedir a cura.

Jesus disse em Marcos 16.17,18:

> "Estes sinais acompanharão os que crerem: em meu nome expulsarão demônios; falarão novas línguas [*esse é o batismo do Espírito Santo, com a evidência de falar novas línguas*]; pegarão em serpentes; e, se beberem algum veneno mortal, não lhes fará mal nenhum; imporão as mãos sobre os doentes, e estes ficarão curados.

Geralmente, orar significa pedir a Deus que faça algo. Note no texto citado que Jesus não disse para orarmos, mas para realizarmos nós mesmos a cura pela imposição de mãos. Nós ungimos com óleo quando solicitados, porque isso também cura o doente, mas pessoalmente não achamos necessário depois que você recebeu o batismo com o Espírito Santo, porque o poder de Deus em você fluirá das suas mãos para o corpo ou a mente doente, e esse poder realizará a cura. Se você não recebeu o batismo do Espírito Santo, o dom de poder, então você tem a autoridade da Palavra de Deus para pedir-lhe que faça a obra por você, e ele fará!

A Palavra de Deus está além da limitada compreensão humana, por isso Deus pode usar muitas outras maneiras de ungir com óleo para a cura do doente. Outros significados do que aqueles apresentados aqui podem ser revelados a você. Isso é ótimo! Faça sempre o que Deus o dirigir a fazer, porque ele nem sempre faz do jeito que nós pensamos que deveria ser feito!

> Mas Deus escolheu o que para o mundo é loucura para envergonhar os sábios e escolheu o que para o mundo é fraqueza para envergonhar o que é forte. (1Coríntios 1.27)

Frances gosta muito de contar a história de uma cura em que Deus pareceu usar uma coisa tola para realizar um milagre poderoso. Numa pequena cidade na Louisiana, algumas senhoras pediram oração por uma amiga que tinha câncer. Elas haviam lido em Tiago que os presbíteros deveriam ungir com óleo e orar com fé pela cura, por isso decidiram obedecer à Palavra de Deus.

O pastor estava fora do escritório no momento, e também não havia presbíteros disponíveis. As mulheres decidiram fazer algo e, desde que não havia mais ninguém presente, acreditaram que estavam qualificadas como presbíteras. No trajeto para a casa da mulher doente, elas pararam na mercearia e compraram um galão de óleo de cozinha. Como a Bíblia não especifica a quantidade exata de óleo a ser usada na oração pelo enfermo, elas derramaram o galão todo sobre a pobre senhora, que estava na cama, enquanto faziam a oração de fé! Mas Deus honrou a fé daquelas mulheres e curou a mulher com câncer. Glória! Não recomendamos usar um galão inteiro de óleo, mas, com certeza, isso deu resultados nesse caso específico.

Se você está tendo sucesso em curar ou libertar os doentes de uma forma diferente do que recomendamos aqui, louvado seja Deus! Não desacelere nem mude — continue fazendo o que Deus o orientou a fazer! Entretanto, se você não está vendo resultados, experimente se algumas das nossas formas funcionarão também para você!

Não importa o resultado, nunca se esqueça de que Deus é soberano!

Capítulo 10

A cura pela oração intercessora

Frances

Você se lembra da história relatada no capítulo 8 de Mateus sobre o centurião que pediu a Jesus: "Dize apenas uma palavra, e o meu servo será curado" (v. 8)? Pessoas são curadas da mesma forma hoje! Um amigo ou parente se põe em oração por alguém, possivelmente a milhares de quilômetros de distância, e aquela pessoa é curada pelo poder de Deus, porque Deus é onipresente. É fascinante perceber que Deus pode estar em toda parte exatamente ao mesmo tempo!

Faz alguns anos, fui convidada para falar em uma igreja não carismática perto de Houston. Ao final do culto, comecei a compartilhar o que Deus está fazendo no mundo hoje, derramando seu Espírito sobre toda a carne.

Eu lhes disse que acreditava sinceramente que estamos bem no final dos tempos; não creio que haverá outra geração além de nós — creio que Jesus voltará muito antes que esta geração passe. E por isso creio que vemos um derramar maior do Espírito de Deus agora do que jamais vimos.

Depois da reunião, uma mulher me procurou para contar sobre uma amiga que estava na unidade de terapia intensiva de um hospital a quilômetros de distância, desenganada pelos médicos. A mulher disse:

— Você acredita que Deus a curaria?

Respondi que tudo o que sei é o que a Bíblia diz, e a Bíblia diz o que Jesus disse ao centurião: " 'Vá! Como você creu, assim acontecerá!' Na mesma hora o seu servo foi curado" (Mateus 8.13).

Pensei: "O que tenho a perder? Quando imponho as mãos em uma pessoa doente, não tenho nada a perder, independentemente se a pessoa fica curada ou não, porque a Bíblia diz para eu morrer para mim mesma". Quando você está morto para si mesmo, não pode se preocupar com a sua reputação. Nenhuma pessoa alguma vez se sentou no caixão para se queixar: "E a minha reputação?".

Comecei a orar pela amiga daquela mulher:

— Pai, nem mesmo sei quem ela é. Certamente não sei qual é o seu problema. Mas, Deus, eu te peço que faças o sobrenatural, e a toques e restaures por completo, do alto da cabeça à ponta dos dedos do pé.

Depois agradeci ao Senhor:

— Muito obrigada.

Essas palavras são duas das mais importantes na sua oração. Quando você diz "Muito obrigado", sabe o que está fazendo? Está dizendo: "Jesus, acredito que tu o fizeste, por isso digo 'Muito obrigado!'". Se nós realmente cremos que Deus ouviu a nossa oração, seremos ingratos se não dissermos "Muito obrigado"!

Mesmo que você ore por mil pessoas numa fila de oração, diga "Muito obrigado" a Deus depois de cada uma delas. Cada vez que você diz "Muito obrigado", está dizendo a Deus: "Creio que está feito, e recebo isso como um completo milagre, em nome de Jesus".

Após ter orado pela amiga da mulher, eu disse "Muito obrigada, Jesus", mas fiz algo que nunca havia feito. Olhei para o meu relógio e disse: "São 11h37". No momento, eu não sabia por que havia dito aquilo, mas hoje sei!

Num hospital a quilômetros de distância, algo aconteceu exatamente às 11h37. Jesus entrou num quarto de hospital! Uma senhora que estava na UTI, supostamente morrendo de câncer, imediatamente saiu da cama! Ela, cuidadosamente, tirou todas as agulhas do braço, desconectou os tubos de oxigênio, saiu pelo corredor do hospital e foi até a enfermeira-chefe!

A enfermeira, chocada, disse:

— O que aconteceu com você?

A mulher disse:

— Jesus Cristo veio pessoalmente ao meu quarto às 11h37 e disse: "Shirley, levante-se da cama. Você está curada".

A enfermeira perguntou:

— Você teve uma visão?

Shirley respondeu:

— Não, Jesus Cristo entrou pessoalmente no meu quarto!

Que Pai amoroso temos! O poder sobrenatural de Deus a tocou no exato instante em que eu orei — como confirmação, fui impelida a olhar para o relógio a fim de que soubéssemos que Jesus tinha agido em resposta a uma oração naquele exato instante num hospital a quilômetros de distância!

Às vezes, pode parecer mais fácil orar por alguém quando podemos impor-lhe as mãos, mas, se fizermos mais orações de intercessão por pessoas que estão distantes, ficaremos maravilhados com os milagres que Deus realiza.

Faça uma lista agora mesmo e depois se ocupe em orar!

Capítulo 11

A cura pelo uso de panos ungidos

Frances

Panos ungidos são outro instrumento usado para curar os doentes. Até onde sei, a Bíblia os menciona apenas uma vez, mas Deus realmente não precisaria nos dizer mais do que isso, porque, se aconteceu uma vez na Bíblia, pode acontecer novamente hoje!

Atos 19.11,12 relata:

> Deus fazia milagres extraordinários por meio de Paulo, de modo que até lenços e aventais que Paulo usava eram levados e colocados sobre os enfermos. Estes eram curados de suas doenças, e os espíritos malignos saíam deles.

Muitas vezes, nós mandamos panos ungidos do nosso escritório para pessoas que escrevem e dizem: "Creio que, se você orar sobre este lenço (ou me mandar um pano ungido), serei curado".

É difícil para a mente natural compreender, mas há poder num pedaço de pano quando a unção de Deus repousa sobre ele! Tremendo e ilimitado poder divino pode estar contido em algo; por isso, quando alguém pede um pano ungido, mandamos um pequeno pedaço de poliéster de cerca de 5 centímetros quadrados. Em si só, o tecido não significa nada, mas, antes de enviar, impomos as mãos nele e cremos que acontecerá um milagre na vida daquele que o recebe! Acreditamos que aqueles pequenos pedaços de pano são ungidos e atribuímos a cura de muitas pessoas que os recebem a esse fato.

Um dos incidentes mais emocionantes começou quando recebemos a carta de uma avó de Failsworth, Inglaterra. Ela ouvira falar sobre o nosso ministério de cura e nos enviou uma carta na qual nos falava a respeito de seu neto, que nascera com um defeito congênito do quadril e uma cabeça enorme (hidrocefalia). Um bebê com hidrocefalia raramente vive muito tempo por se tratar de uma malformação do corpo, estritamente do Diabo, certamente não dada por Deus.

"Se vocês não puderem vir à Inglaterra" — ela escreveu —, "poderiam me mandar um pequeno pedaço de pano ungido?".

A Inglaterra é um bocado distante de Houston, no Texas. Nós, com toda a nossa equipe, impusemos as mãos em um pequeno pedaço de pano. Pedimos a Deus que enviasse seu poder curador junto, para que, quando fosse colocado sobre o bebê, seu poder de ressurreição passasse do pano para o corpo do bebê, e ele fosse totalmente curado pelo poder de Deus!

Cremos com fé sobrenatural quando oramos sobre aquele pequeno pedaço de pano e depois o enviamos em sua estrada divina. O bebê estava dormindo quando o pano chegou; então a avó o enrolou e o colocou na mão do bebê. Esse foi o seu ponto de contato!

A avó escreveu novamente para nos contar que, no mesmo instante em que o pequeno pedaço de pano ungido tocou o interior do pulso do bebê, a hidrocefalia foi instantânea e sobrenaturalmente curada pelo poder de Deus!

A nossa carta àquela avó inglesa teve de atravessar todo o oceano Atlântico. Embora estivesse num pequeno envelope, a unção de Deus permaneceu sobre o pano ungido desde que ele partiu de Houston, passando provavelmente por Nova York, e indo de Nova York para Londres, e depois usando outro tipo de portador de Londres até Failsworth, Inglaterra. O poder de Deus ainda estava lá! Provavelmente uma semana ou dez dias se passaram entre o momento da oração sobre o pano e o momento em que ele foi colocado na mão da criança, mas o poder não havia diminuído! O poder era extremamente forte quando oramos, assim como era a fé receptiva da avó!

Duas semanas depois, eles levaram a criança à clínica e, quando o médico radiografou os quadris do bebê, verificou a existência de dois perfeitos encaixes no fêmur. A criança nascera sem nenhum encaixe do quadril, e agora havia dois! A avó contou a reação do médico:

— Este não é o mesmo bebê que estamos tratando. Os registros médicos mostram que a criança não tem encaixe nos quadris. Os registros médicos mostram que a criança tem hidrocefalia. Para que vocês trouxeram esta criança? Esta não tem hidrocefalia e tem dois encaixes no quadril.

Aleluia!

Panos ungidos também podem ser usados para outras coisas além da cura! Quando eu estava ensinando a respeito de panos ungidos na Escola de Ministério Cidade da Luz, uma aluna se levantou e pediu para compartilhar seu testemunho.

— Há três anos — ela disse —, você me deu um pano ungido. Você me disse para ir para casa, colocar o pano ungido debaixo do travesseiro do meu marido e crer que ele se converteria antes do final do ano. Coloquei o pano ungido debaixo do travesseiro dele em janeiro, e ele foi salvo em novembro daquele mesmo ano. Antes disso, eu não queria saber de panos ungidos, porque estava acostumada a receber cartas de certos ministérios dizendo que eles me enviariam um pano ungido se eu lhes mandasse uma oferta. Nesse dia, eu me dei conta de que não era um pedaço de pano que salvaria o meu marido, mas a unção do Espírito Santo. Louvado seja Deus, ontem foi o terceiro aniversário de sua salvação, e ele permaneceu na nossa igreja para testemunhar.

Panos ungidos funcionam!

Se você recebeu o batismo do Espírito Santo, imponha as mãos em alguns pequenos panos e comece a colocá-los onde eles são necessários! Muitos maridos foram salvos por meio de um pano ungido colocado debaixo do colchão por sua esposa!

Algumas pessoas nos escreveram para dizer que colaram panos ungidos debaixo dos assentos de professores nas escolas, resultando em sua salvação! Nunca soube de que alguém tivesse colocado debaixo das cadeiras dos alunos, mas pode ser uma boa ideia!

Por favor, compreenda que você não precisa que um grande evangelista imponha as mãos em um pano ungido. Você tem exatamente o mesmo poder que Deus. É por isso que estamos tão animados a respeito deste livro. Mal podemos esperar para ver o que acontecerá como resultado do que você está lendo neste momento! Mãos à obra!

Capítulo 12

Outras formas de curar os doentes

Frances

Fé em ação

Uma das coisas mais importantes das quais precisamos nos lembrar o tempo todo é que Deus quer nos curar. Repetidas vezes em sua Palavra, ele nos fala sobre o seu poder para curar, e ele quer que nos apropriemos disso hoje. Mateus 12.10,13 é uma passagem importante das Escrituras porque fala a respeito da fé em ação, que é uma das formas mais importantes de alcançar a cura. "E estava ali um homem com uma das mãos atrofiada. [...] Então ele disse ao homem: 'Estenda a mão'. Ele a estendeu, e ela foi restaurada, e ficou boa como a outra."

Isso foi fé em ação. Jesus deu a você uma tarefa específica a fazer. Provavelmente o homem estava sentado ali com uma mão pequena e deformada e poderia ter dito a Jesus: "Jesus, nasci com a mão mirrada. O Senhor não percebe que não consigo estendê-la?". Mas ele não disse isso. Pelo contrário, fez exatamente o que Jesus lhe disse para fazer. Quando o homem pôs sua fé em ação, seu braço foi totalmente restaurado!

A mesma história é contada em Marcos 3.1-6 e Lucas 6.6-10 — exatamente a mesma história, mas com a perspectiva diferente de cada um dos três escritores. Deus poderia ter editado a Bíblia e tirado qualquer coisa que quisesse tirar, mas ele repetiu vários trechos para que você cresse que as histórias eram realmente verdadeiras. Você notará que usamos alguns textos bíblicos repetidas vezes neste livro com o propósito de que eles sejam gravados na sua mente e você se lembre deles!

> Tendo dito isso, [Jesus] cuspiu no chão, misturou terra com saliva e aplicou-a aos olhos do homem. Então disse-lhe: "Vá lavar-se no tanque de Siloé" (que significa "enviado").
> O homem foi, lavou-se e voltou vendo. (João 9.6,7)

Quando ocorreu o milagre? O milagre ocorreu quando Jesus cuspiu? O milagre ocorreu quando Jesus fez o lodo? Ou ocorreu quando o homem pôs sua fé em ação?

O milagre ocorreu quando o homem pôs sua fé em ação. Jesus poderia ter cuspido em toda parte. Ele poderia ter feito pasta de lodo aqui e ali e a colocado nos olhos de todos os presentes, mas duvido que alguém tivesse sido curado. O segredo estava em obedecer à ordem "Vá lavar-se no tanque de Siloé".

Essa seria uma ordem ridícula, porque o homem era cego. Como ele encontraria o caminho para o tanque de Siloé sozinho? Ele estivera lá muitas vezes, mas não sem ajuda. Deus pode sempre fazer o sobrenatural. Ele pode levar um homem cego a andar por todas as ruas sem ser atropelado.

O cego poderia ter dito: "Siloé é muito longe. O Senhor pode apenas me tocar, e serei curado. Não sei como chegar até lá. Nunca ouvi falar desse lugar". Ou poderia ter dito: "Não gosto do cheiro daquela água. Tem cheiro de enxofre". Ele poderia ter usado todos os tipos de desculpas, mas, quando obedeceu à ordem, foi e lavou o lodo de seus olhos, ele foi curado pelo poder de Deus, porque havia posto sua fé em ação.

Contamos histórias por todo este livro sobre várias pessoas que foram curadas porque puseram sua fé em ação.

A história de Naamã em 2Reis 5.1-15 é um emocionante relato da fé em ação. A Bíblia diz que Naamã era um grande homem, ilustre e poderoso, que, no entanto, estava leproso. O Diabo ataca qualquer um. Ele não atinge apenas pobres "joões-ninguém" o tempo todo. Ele vai para o posto mais alto e atinge o general e os soldados todos abaixo.

Havia uma pequena serva ali a quem Deus usara na vida daquele grande homem. Muitas pessoas teriam pensado que uma pequena serva era a ralé, mas ela disse a Naamã como ele podia ser curado. A pessoa que tinha a mais baixa posição na casa foi aquela que Deus instruiu. Como já dissemos repetidas vezes, Deus não faz distinção de pessoas. Para ele, não importa quem você é. Importa apenas se você está disposto ou não a fazer o que ele diz para fazer.

Naamã levou consigo muita prata e ouro porque queria tentar comprar sua cura, mas não se pode comprar de Deus uma cura. Deus cura totalmente de graça. O preço foi pago dois mil anos atrás, quando Jesus morreu na cruz! Tenho a sensação de que, quando Naamã chegou à porta, pensou que Eliseu sairia, se curvaria e diria: "Olá, sr. Figurão. Fico muito feliz que o senhor esteja aqui hoje. Respeito o fato de o senhor ser um grande homem e um grande general, e o senhor tem muito dinheiro e muitas carruagens!". Mas Eliseu nem sequer saiu para cumprimentá-lo!

Eliseu não estava sendo descortês. Creio que Deus estava ensinando uma lição a Naamã, porque Eliseu mandou um mensageiro lhe dizer que fosse lavar-se no Jordão sete vezes para que ficasse curado.

Naamã tinha de tomar uma grande decisão ali. O rio Jordão não era tão bom quanto o rio na própria terra de Naamã.

O que você pensaria se fosse com a sua melhor roupa — a melhor que tivesse — e um profeta lhe dissesse para descer a um rio barrento e mergulhar nele, não apenas uma, mas sete vezes? Você poderia reagir exatamente como Naamã! Ele ficou bravo. Mas, graças a Deus, Naamã tinha algumas pessoas inteligentes trabalhando sob suas ordens, e elas o lembraram de que, se Eliseu lhe tivesse falado para fazer algo grandioso, ele o teria feito. Mas Eliseu lhe pediu para fazer algo que estava abaixo de sua dignidade!

Muitas pessoas têm o mesmo problema, mas Naamã ouviu seus amigos e desceu e mergulhou sete vezes no Jordão com todas as suas boas roupas. Você pode imaginar a conta da lavanderia ao sair daquele rio barrento? Mas ele foi obediente. Aleluia, Naamã mergulhou não apenas uma vez, não apenas duas, três, nem quatro vezes, nem cinco, mas sete vezes! Sete é o número da perfeição em Deus. Aleluia!

Se Naamã tivesse ignorado as instruções do profeta, teria morrido leproso, mas, porque estava disposto a ser obediente — porque se humilhou, desceu ao rio e mergulhou na água barrenta —, ele foi curado pelo poder de Deus. Ele pôs sua fé em ação!

A fé é algo que você precisa pôr em ação. Não é algo imóvel. Não existe neutralidade na fé. Ou você subirá ou descerá. A sua fé nunca ficará no mesmo nível. Você estuda a Palavra de Deus todos os dias, e o que acontece com a sua fé? Ela começa a "subir, subir e subir!". Você fica fora da Palavra de Deus, e o que acontece com a sua fé? Ela começa a "descer, descer e descer!". É por isso que você precisa pôr a sua fé em ação. Você precisa ler a Bíblia! Você sabia que ler a Bíblia é um "ato de ação"? É preciso perseverança e autodisciplina para entrar na Palavra de Deus e ler a Bíblia, por isso precisamos manter a nossa fé em ação o tempo todo. Se você nunca saísse e pusesse a sua fé em ação, nunca saísse e pusesse o seu ensino em ação, sabe o que conseguiria? Nada — absolutamente nada! O que acontecerá quando você o fizer? Tudo — completamente tudo!

Sob o poder

Algumas das nossas maiores curas ocorreram enquanto as pessoas estavam mortas no Espírito de Deus! Aqui está um relato de uma cura que particularmente fez vibrar o nosso coração.

Uma jovem senhora fora levada à nossa reunião, vinda de um manicômio. Ela estava profundamente sedada, mas sua mãe tinha fé para crer que, se lhe impuséssemos as mãos, ela seria curada!

A jovem senhora não sabia nada sobre a reunião. Estava sob um efeito tão forte de remédios que não podia compreender nada do que estava acontecendo. Mas, no final do culto, a mãe a levou à frente, nós colocamos as mãos sobre ela, e ela caiu sob o poder de Deus.

Passaram-se sete anos antes que a víssemos novamente. Ela contou sua história:

— Eu não me lembro de nada a respeito da reunião. Nem sequer me lembro de ter estado lá. Tudo de que me lembro é ter acordado enquanto estava deitada no chão e ver Jesus com as mãos estendidas para mim. Naquele instante fui completamente salva e então comecei a falar em línguas, algo sobre o que eu não sabia nada também! A minha mente ficou completamente clara, e não tenho nenhum problema desde aquele momento em que eu fui morta pelo Espírito de Deus, e um milagre aconteceu na minha vida!.

Salva, batizada e curada, tudo de uma vez! Glória!

Certa noite, depois da reunião, o presidente da Associação de Homens de Negócios do Evangelho Pleno nos levava para o hotel, quando sua esposa disse:

— Fiquei tão envolvida com o culto esta noite que me esqueci de buscar a cura para mim mesma.

Charles perguntou:

— O que você precisa que Jesus faça?

Ela respondeu:

—Tenho a espinha bífida, o que me tem causado dor durante a vida toda. Na verdade, a minha mãe costumava me enrolar num cobertor e me aquecer no forno para tentar aliviar a dor intensa.

Charles disse:

— Assim que chegarmos ao hotel, vamos impor as mãos em você.

Foi exatamente o que fizemos, ali mesmo na entrada do hotel! Ela caiu sob o poder de Deus e, enquanto estava ali, seu corpo se moveu no chão, dizendo:

— Sinto que algo está acontecendo dentro de mim!

Ao se levantar do chão, ela declarou:

— A dor acabou! Completamente!

Era como se algo tivesse sido acrescentado a seu corpo e ligado enquanto ela estava no chão. Desde então, temos falado com ela, que está extremamente feliz com a forma pela qual Deus a curou quando estava sob o poder! Há poder sob o poder!

Mulheres estéreis

Tenho aquela "fé sem nenhuma dúvida" especial quando alguém é estéril ou incapaz de gerar um bebê. Gosto muito de ministrar nessa área, e existem poucas pessoas que fazem isso pelo mundo! Considere estes textos: "Dá um lar à estéril, e dela faz uma feliz mãe de filhos" (Salmos 113.9) e "Em sua terra nenhuma grávida perderá o filho nem haverá mulher estéril.

Farei completar-se o tempo de duração da vida de vocês" (Êxodo 23.26). Aleluia! Os nossos arquivos estão cheios de milagres maravilhosos sobre casais antes estéreis que conceberam e deram à luz filhos saudáveis, mesmo depois de anos de infertilidade. Na maior parte do tempo, esses casais são mortos pelo Espírito Santo, e é aí que a cura acontece. Glória!

Charles

Acidente vascular cerebral (AVC)

Um homem estava paralisado do lado direito havia três anos; sua perna estava tão rígida como uma tábua, e ele não conseguia dobrar o joelho; seu braço direito era totalmente incapaz de se mover, e tinha se contorcido contra sua cintura com o punho tão firmemente fechado que sua mão estava branca por falta de circulação.

Quando comecei a ministrar a ele, o Espírito de Deus desceu sobre mim tão poderosamente que foi como se uma energia quente fluísse através de cada célula da minha cabeça e dos meus ombros. Em seguida, Deus falou três palavras silenciosas, porém distintas, no meu cérebro: "Espírito de morte!".

Não compreendi tudo o que Deus quis dizer, mas sabia que era Deus, e sabia que, se ele disse ser um espírito, eu deveria expulsá-lo. Também sabia que Jesus chamou os espíritos pelo que eles faziam. Sem perder tempo para entender, rapidamente atei Satanás pelo poder do Espírito Santo e ordenei ao "espírito de morte" que saísse, em nome de Jesus!

Então, a "palavra de sabedoria" começou a operar, mas não me dei conta, a não ser mais tarde, de que Deus estava usando esse dom sobrenatural do Espírito para me mostrar como curar vítimas de AVC. Comecei a ministrar de uma forma semelhante à terapia. Primeiro eu disse:

— Diga: "Jesus, eu te amo!".

Ele repetiu as minhas palavras, mas não claramente. Sua esposa ficou animada com isso, porque, anteriormente, ele não era capaz de falar!

Em seguida, tomei seu braço imóvel e comecei a dobrá-lo para a frente e para trás no cotovelo. O membro estava muito rígido, no começo, mas começou a ficar flexível cada vez que eu o dobrava. Logo, estava livre, e ele pôde movê-lo, levemente no começo, mas quase normalmente no final.

Fiz a mesma coisa com sua perna. Em seguida, comecei a abrir seu pulso e dobrar seus dedos para a frente e para trás. Em cerca de cinco minutos, ele podia levantar o braço e andar, dobrando a perna sem nenhuma ajuda. Em quatro dias, ele estava quase completamente recuperado.

Em outra reunião, descobrimos que o lado esquerdo da face de uma mulher estava morto em consequência de um AVC. O espírito de morte recebeu ordem para sair, e a fiz dar pancadinhas com a mão na face durante cerca de cinco minutos. A sensibilidade voltou totalmente à sua face!

Eu poderia citar dezenas de pessoas que foram curadas de maneira semelhante, contudo algumas parecem não ter melhorado. Pessoalmente, creio que o ambiente ao qual eles retornam tem muito que ver com isso. Se seus familiares e amigos não manifestam nenhuma fé e não os encorajam nem os ajudam, eles regridem, caso a cura tenha começado. Se seus familiares e amigos mostram fé forte, os encorajam e trabalham com eles, ocorrem resultados tremendos.

Você pode curar vítimas de AVC da mesma forma que eu! Seja paciente e amoroso ao ministrar a eles, mas não simpatize com a doença, porque a simpatia é uma das maiores assassinas nos casos de AVC!

Perguntei a um médico cheio do Espírito o que acontece quando uma pessoa tem um acidente vascular cerebral.

Ele disse que normalmente se forma um coágulo num vaso, que impede o suprimento de oxigênio e sangue chegar a uma parte do cérebro. Como resultado, as células do cérebro se tornam dormentes ou morrem. A terapia às vezes faz a célula dormente voltar à atividade.

O que acredito agora é que, quando um "espírito de morte" é expulso, o espírito que ocasionava o coágulo sai e o fluxo de sangue até as células é restaurado. Tudo o que se precisa fazer é aplicar fé e terapia para reeducar a comunicação entre o cérebro e a parte paralisada do corpo. Ao dobrar o braço, a perna e os dedos, bem como ao usar a língua no falar, o indivíduo aciona o cérebro para começar a enviar sinais, e os membros respondem.

Não há nada realmente errado com o braço ou a perna, mas, desde que a célula cerebral não pode enviar sinais, o braço ou a perna deixa de funcionar. Se você é médico ou enfermeira, e acha que esta não é uma descrição exata, pode pelo menos ter uma ideia.

Tenha, porém, cuidado ao dobrar um membro; se a pessoa não tiver sido curada, você pode causar dor ou ferimentos adicionais. Vítimas de AVC geralmente choram quando você fala com elas. Quando você dobra um membro, isso pode doer bastante, ou a pessoa pode agir como se o membro doesse. Isso requer extrema sensibilidade ao Espírito Santo! Geralmente digo às vítimas de AVC que vou expulsar um espírito de dor e que não vai doer na próxima vez em que eu dobrar o membro. Às vezes, simplesmente repreendo a dor se sentir que não é um espírito. Quase sempre, a dor cessa.

Rinite alérgica e sinusite

Deus me curou de rinite alérgica em 1970, depois de mais de trinta e cinco anos de sofrimento. Ele fez isso de maneira sobrenatural, mas, de tempos em tempos, eu ainda tinha problemas com a minha sinusite. Em algum momento de 1977, isso se tornou tão grave que tive de tomar três comprimidos por dia, além de uma dose a cada três ou quatro semanas, para debelar a infecção. Finalmente, após cerca de um ano, com nós dois orando dia e noite por cura, clamei: "Deus, por favor mostra-me como me livrar disso!".

Pouco tempo depois, estávamos almoçando na casa de um médico na Flórida, quando a esposa do médico observou:

— Desculpe-me por não ter café ou chá para dar a vocês, mas todos nós tínhamos problemas de sinusite muito graves, de modo que paramos de tomar café e chá e começamos a beber muito suco, e as infecções de sinusite deixaram toda a família em três ou quatro semanas.

Eu disse:
— Muito obrigado, Jesus!

Deixei de tomar café e chá e comecei a beber todo o suco de laranja e maçã de que o meu sistema precisava e, em poucas semanas, o problema da sinusite foi curado!

Um cantor, amigo nosso, procurou um médico em busca de uma receita para uma infecção de sinusite. O médico lhe deu a receita e, quando o cantor viu o que o médico havia escrito, disse:

— Mas, doutor, quero algo para secar esta coisa!

O médico havia prescrito catorze copos de água diariamente! O homem seguiu a "prescrição" e viu que funcionava!

Toda cura vem de Deus, quer sob o título de "medicina preventiva", quer sob o simples e bom senso comum!

Curas em massa

Costas, pescoço e joelhos são três áreas do corpo nas quais muitas pessoas têm problemas. Quando sentimos o Espírito nos conduzir para ministrarmos em grupo, chamamos à frente qualquer pessoa com problemas em qualquer área que o Espírito nos revelar. Nós os alinhamos ombro a ombro e explicamos sobre o que vai acontecer.

Usamos o princípio da imposição de mãos aos doentes e da fé em ação. Dizemos que vamos impor as mãos no pescoço deles e, assim que o fazemos, pedimos que movam o pescoço vigorosamente assim que o tocarmos. Temos observado com frequência que a cura ocorre tão logo a fé deles entre em ação e também que os que não movem o pescoço não recebem a cura!

Vimos mais de uma centena de pessoas com problemas no pescoço sendo curadas de uma vez! A mesma coisa acontece com joelhos quando as pessoas põem sua fé em ação. Isso funciona com quase qualquer tipo de doença. Certa noite, vimos mais de 200 pessoas curadas de artrite ao mesmo tempo. Sobre o auditório, veio um som que parecia o de ossos se quebrando quando a artrite foi curada!

Problemas nas costas são uma categoria diferente e vamos discuti-los em outro capítulo.

Talvez você nunca venha a ministrar a mais de um indivíduo de cada vez, mas quem sabe o que Deus fará em um futuro próximo na sua vida? Você pode acabar ministrando às massas, de modo que precisará saber como fazer isso também!

Algumas pistas para o sucesso

Esperamos ter dado algumas pistas ao compartilhar as diferentes maneiras de curar os doentes — pistas para ajudar você como um indivíduo que deseja curar ou ser curado!

Se pedíssemos ao cristão típico que ministrasse a cura a um indivíduo, a primeira coisa que ele faria seria fechar os olhos o mais forte que pudesse. Por alguma razão, muitos cristãos tentam ser "religiosos", esforçando-se para impressionar Deus de alguma forma com quão "superespirituais" eles são.

Para evitar essa tentação, aqui estão algumas coisas a serem lembradas:

Ser piedoso não irá curar os doentes!

Ser religioso não irá curar os doentes!

Fechar os olhos fortemente não irá curar os doentes!

Ter medo de ministrar não irá curar os doentes!

Não curamos todas as pessoas às quais ministramos, mas vemos mais e mais pessoas sendo curadas o tempo todo. O segredo é nos livrarmos do "ego" para não nos preocupar com o que as pessoas venham a pensar de nós.

Seja natural no que você fizer. Tenho um pequeno lembrete escrito na parte de trás da minha Bíblia, que diz: "Mantenha a sua boca fechada enquanto eu oro!".

O motivo para isso é que Jesus nos disse para estarmos de acordo — se dois ou mais de nós concordarmos enquanto tocamos em algo, isso será feito para nós. (V. Mateus 18.19.) Se estou ministrando cura a você, Deus pode ter uma palavra especial de sabedoria ou de conhecimento que você precisa ouvir. Mas, se estou impondo as mãos em você, e você fica repetindo: "Ó Jesus! Ó Jesus! Muito obrigado, Jesus! Por favor, cura-me, Jesus!", você não está ouvindo uma única palavra do que estou dizendo. Você não está ouvindo justamente a palavra que precisa ouvir para curar ou ser curado! Além disso, a mente humana não é grande o suficiente para funcionar em dois canais ao mesmo tempo. Você não pode transmitir e receber simultaneamente!

Se você orar enquanto eu estiver orando, qual a possibilidade de você concordar comigo se não tem a menor ideia do que estou dizendo? E qual a possibilidade de eu concordar com você se também não o posso ouvir? Se você quiser louvar e amar a Deus, faça-o de todos os modos que puder! Louve a Deus na sua língua materna, ore em línguas, invoque seu nome e fale a

Palavra, por todos os meios. Mas, quando estiver ministrando por cura, mantenha os ouvidos atentos e "a boca fechada"!

Tenho uma razão especial para dizer isso, porque observamos que bem poucas pessoas ficam sob o poder de Deus quando estão falando ou orando em línguas enquanto impomos-lhes as mãos. E elas também não são curadas! Certamente cremos no louvor e na adoração a Deus, mas esse não é o momento oportuno para você dividir sua atenção e não orar em pleno acordo!

Alguns indivíduos vieram a nós e disseram: "Há uma grande queimação nas minhas mãos, exatamente onde os cravos atravessaram as mãos de Jesus, e, quando começa essa queimação, sei que o poder de cura está sobre mim". Lembremo-nos sempre de que Jesus não nos disse para observar uma sensação de queimação nas nossas mãos, ou qualquer outro tipo de sensação, em relação a esse assunto. Ele disse para o crente sair e impor as mãos nos doentes, sabendo que eles ficariam sãos!

Nunca dependa apenas das suas sensações! Há momentos em que não "sentimos" nenhuma unção especial e, todavia, pelo fato de permanecermos no que a Palavra de Deus diz, a despeito das nossas sensações, grandes milagres acontecem.

Procurar por sensações em vez de procurar por curas pode roubar de você o que Deus quer fazer por seu intermédio. Desenvolva compaixão e jamais se torne legalista, ou você deixará de fora o amor de Deus! Peça que Deus conceda a você um amor especial pelos doentes e por aqueles que estão sofrendo!

Capítulo 13

E se eu não for curado?

Frances

O que você faz quando já pôs em ação tudo o que sabe para ser curado pela fé? O que você faz quando parece que todo mundo que já foi usado para curar os doentes orou por você, e você continua doente?

O que você faz quando parece que toda a esperança se foi e o tempo está se esgotando? O que mais você pode fazer quando aparentemente já fez tudo o que poderia fazer?

Temos visto a porcentagem de pessoas que se curaram nos nossos cultos aumentar dramaticamente ao longo dos anos. Aprendemos muitas maneiras de curar, e a nossa fé aumentou poderosamente, porque vimos o poder do milagre de Deus funcionar repetidamente, já que usamos as diferentes maneiras que ele nos mostrou para aplicar o poder de cura. Contudo, o nosso conhecimento, a nossa compreensão e o nosso discernimento, bem como o aperfeiçoamento das habilidades dadas pelo Espírito Santo, não alcançaram o nível de Jesus quando ele esteve operando na terra.

Insistimos com os que não são curados para que outros lhes ministrem, porque Deus parece dar fé especial a alguns para uma cura particular, e a outros a fé para curar diferentes doenças. Se ministramos este ano sem sucesso, tente de novo na próxima vez que nos virem, porque Deus pode ter acrescentado nova fé ou novas maneiras de curar os doentes que funcionarão para você.

Há muitos anos, desenvolvi uma úlcera na minha perna em razão de uma flebite que adquiri durante os meus dias de "fumante". Os "melhores" haviam orado por mim! Eu havia citado as Escrituras e permanecia na Palavra. Charles havia ordenado a cura; eu havia ordenado a cura. Charles havia imposto as mãos em mim; eu havia imposto as mãos em mim mesma. Houve momento em que a congregação toda impôs as mãos em mim pela cura. Todavia, nada parecia funcionar.

Quando terminamos o ensino final na Escola de Ministério Cidade da Luz sobre como curar os doentes, o Diabo realmente desferiu um ataque selvagem na minha perna, e eu nem conseguia me levantar! A dor era tão intensa que eu não podia suportá-la, sentada, deitada ou de pé! A infecção se espalhou por toda a perna e, no meu espírito, senti-me condenada porque a cura não se manifestava!

Liguei para John Osteen, um irmão amado em Cristo, e disse-lhe que o médico me queria no hospital imediatamente. Na mesma hora, ele começou a orar e disse: "Pai, permite que ela vá ao hospital sem condenação em seu coração. Sabemos que toda cura vem de ti e te agradecemos porque tu és aquele que completará esta cura. Fazemos isso em nome de Jesus!".

Sem nenhum sentimento de condenação, fui imediatamente ao hospital. Um especialista em ossos cortou o tecido doente e, para surpresa de todos, a minha perna se curou em tempo totalmente recorde. Eles me avisaram que a minha permanência no hospital duraria várias semanas. Charles teve uma palavra de conhecimento e disse ao médico que eu sairia em oito dias. Com certeza, no oitavo dia, voltei para casa!

Como resultado da minha visita, a minha colega de quarto do hospital aceitou Jesus, seu marido e filho foram salvos, e os três foram cheios com o Espírito Santo. Até o meu médico disse: "Deus deve estar nisso!". Aleluia!

Então, se você tentou e tentou, como eu fiz, e nada pareceu funcionar, siga sem condenação e procure ajuda médica! Eu fui, e agora a minha perna está muito bem!

Capítulo 14

Ser sensível ao Espírito Santo

Frances

Nós não andamos à procura de pessoas para curar, porque acreditamos que o Espírito Santo atrairá as pessoas que ele já preparou para curarmos. Simplesmente ministramos a cura quando temos oportunidade, seja para um indivíduo ou para multidões, seja em uma igreja ou na rua.

Certa vez, quando estávamos no aeroporto de Atlanta, parei no banheiro das senhoras no caminho para o portão de embarque. Lá estava uma senhora numa cadeira de rodas, e o Espírito Santo pôs na minha mente que eu deveria ministrar a ela. Certamente não faço isso o tempo todo; apenas tive a impressão de que deveria orar por ela.

Meses depois, recebi o recorte de um jornal enviado por uma mulher que nos conhecia. O título era "Sally Jones é curada por mulher desconhecida no aeroporto de Atlanta". Em resumo, o artigo dizia que Sally Jones, que fora aleijada desde o nascimento, havia entrado em um banheiro no aeroporto de Atlanta em uma recente viagem. Uma mulher aproximou-se dela e disse: "O meu nome é Frances Hunter e eu sou cristã. Posso orar por você?".

Sally respondeu: "Receberei todas as orações que puder conseguir".

Sally contou que a mulher simplesmente impôs-lhe as mãos e em seguida saiu do banheiro. Depois que a mulher se foi, Sally Jones percebeu que estava curada; então se levantou da cadeira de rodas para correr e agradecer-lhe, mas ela já havia desaparecido na multidão. Sally não tinha ideia de quem era a mulher, a não ser seu nome!

Seja sensível à direção do Espírito Santo. Observe que eu não apenas cheguei e impus as mãos na mulher; eu me apresentei e perguntei se podia orar.

Muitas vezes, ser sensível ao Espírito Santo pode vir também sob a direção do dom da fé, mas compartilhamos essas histórias com você para o encorajar a prestar atenção até ao menor toque do Espírito Santo.

Há vários anos, estávamos dando autógrafos em uma cidade do Oeste, em pé ao lado da mesa, falando casualmente às pessoas e sentindo a animação da reunião, quando um jovem entrou carregando um menino que aparentava ter 9 ou 10 anos de idade. Ele carregava também um par de muletas. Perguntei ao jovem qual era o problema do menino. Ele explicou:

— Ray tem espinha bífida, e tentei fazer seus pais trazê-lo, mas eles não são crentes, por isso eu mesmo o trouxe.

E continuou:

— Ele nunca andou em toda a sua vida, e acredito que Deus irá curá-lo!

Algo dentro do meu espírito deu um salto! Eu disse ao garoto:

— Ray, haverá um momento durante o culto de hoje à noite em que vou chamar o seu nome. Quando eu fizer isso, quero que você se levante do seu lugar e corra até a frente!

Dizer essas palavras naturalmente poderia ser um problema, mas o Espírito Santo tinha falado comigo, e eu estava apenas repetindo o que ele havia dito!

Eu me esqueci completamente de Ray, porque ele estava sentado atrás, tão longe que eu não podia vê-lo. Quando as pessoas começaram, repentinamente, a se levantar de sua cadeira de rodas, eu me voltei e procurei por Ray, mas não consegui vê-lo. Por isso, eu disse:

— Onde você estiver, levante-se agora, em nome de Jesus, e ande!

Ray estivera esperando a noite toda por aquele chamado! Mal as palavras saíram da minha boca, Ray saiu do local onde estava e correu até a frente! Ser sensível ao Espírito Santo e confiar nele pode levar a milagres emocionantes!

Um incidente semelhante ocorreu em outra cidade quando vi uma linda mulher sendo empurrada para dentro da reunião numa cadeira de rodas. Um cutucão (ou empurrão) do Espírito Santo me levou a dizer a ela:

— Durante o culto hoje, vou ler o salmo 23. Quando eu chegar à parte que diz: "Mesmo quando eu andar por um vale de trevas e morte [...]", não se atreva a ficar sentada. Quero que você se levante dessa cadeira e corra o mais rápido que puder em torno da igreja!

Mal me dei conta do que o Espírito Santo tinha dito! A mulher não tirou os olhos de mim durante todo o culto, mas permaneceu sentada na cadeira de rodas, calma e pronta para andar! No final do culto, comecei a ler o salmo 23 e, quando cheguei à parte sobre andar por um vale, ela saltou por cima dos apoios dos pés da cadeira de rodas e começou a gritar a plenos pulmões enquanto corria em torno da igreja, para fora das portas, para dentro do átrio e, depois, um corredor abaixo e outro corredor acima!

A única coisa que finalmente a fez parar de correr e gritar foi quando a encontrei num corredor e toquei em sua fronte, e ela caiu sob o poder de Deus, totalmente curada! Aquela mulher nunca voltou mais à sua cadeira de rodas! Nós a vimos dois anos depois, ainda lindamente saudável, tudo porque eu tinha sido sensível ao Espírito Santo e ela havia recebido o dom da fé!

Você pode achar que não é digno correr gritando em torno de uma igreja. Eu também acho. Mas, se você estivesse preso a uma cadeira de rodas durante anos, como reagiria?

Certa vez, estávamos em uma cruzada num *resort*. Na última noite, a fé realmente desabrochou ali por causa dos milagres que haviam acontecido durante a semana toda, e o Espírito Santo sussurrou muito suavemente: "Diga-lhes que, esta noite, quem estiver numa cadeira de rodas irá se levantar e andar!".

Quando sei que ouvi o Espírito Santo, fico realmente animada, por isso compartilhei com o auditório antecipadamente o que iria acontecer. Quando o Espírito Santo disse "Agora!", eu simplesmente falei:

— Quero que todos os que estão em cadeiras de rodas se levantem agora e andem até a frente do auditório, em nome de Jesus!

Os sessenta segundos seguintes foram provavelmente o minuto mais longo de toda a minha vida, porque nenhuma pessoa se moveu! Finalmente, depois do que pareceu ser uma hora, a mulher na cadeira de rodas mais à frente se levantou e começou a andar em direção ao palco. Ela havia dado não mais que três passos quando um homem que estava em uma cadeira de rodas atrás dela se levantou e começou a andar!

Um por um, todos os que estavam em cadeira de rodas se levantaram e andaram naquela noite! Havia sete deles no total. Em seguida, apareceu uma menininha usando suportes e, quando

Charles impôs as mãos nela, a mãe da menina tirou os suportes e a garota começou a andar normalmente!

Uma das coisas emocionantes a respeito de ser sensível ao Espírito Santo é como isso sempre dá início a uma série de milagres! Aleluia!

Seja sensível quando Deus falar. Ouça sua voz. Isso é muito mais importante que qualquer outra coisa que você precisa aprender sobre curar. Ouça a voz de Deus. Se ele falar, você saberá que é a voz dele, simplesmente pelo Espírito e pela Palavra de Deus. Se você não lê a Palavra de Deus, não reconhecerá sua voz, e o Diabo tentará enganar você.

Não se preocupe com o Diabo se você estiver investindo tempo na Palavra de Deus. Saturar continuamente a sua mente com a Palavra de Deus é vital na cura aos doentes e na operação de qualquer dos dons do Espírito. Leia-a repetidas vezes, porque, sempre que você volta à Bíblia, há uma nova revelação do significado de Deus.

Seja sensível a Deus. Aprenda a estar consciente da presença de Deus o tempo todo para perceber o menor toque do Espírito Santo.

Capítulo 15

Expulsar demônios

Frances

Aqui está um assunto que é extremamente interessante, emocionante, sombrio, estimulante e cheio de suspense e ação, mas também extremamente perigoso! Não é perigoso para você como indivíduo, porque você tem mais poder do que um demônio, mas é perigoso porque podemos extrapolar quando começamos a lidar nessa área.

Quando digo "Não extrapole", significa que você não deve sair por aí proclamando: "Deus me chamou para um ministério de libertação!". Nós somos chamados para ser como Jesus. Jesus era um indivíduo equilibrado. Ele passou parte de seu tempo expulsando demônios, e devemos fazer o mesmo — mas não devemos gastar todo o nosso tempo com isso! Nem devemos dizer: "Expulsar demônios não é o meu ministério. Deixe outra pessoa cuidar disso!". Expulsar demônios é uma parte de seu ministério, e você nunca precisa ter medo, contanto que se lembre de que aquele que vive em você é maior do que aquele que está no mundo! (V. 1João 4.4.) Você tem poder e autoridade sobre qualquer demônio que possa enfrentar. Você deve sempre se lembrar disso!

Jesus expulsou demônios; Jesus curou os doentes; Jesus ensinou; Jesus pregou o evangelho; Jesus estudou a Palavra de Deus. Jesus fez muitas coisas e, se você quer ter um ministério equilibrado — um ministério como Jesus tinha —, deve ir e fazer o mesmo. Faça todas as coisas que Jesus fez!

Você pode dizer: "Sou uma dama e prefiro deixar a expulsão de demônios para os homens, porque não quero lutar com demônios".

Você não precisa lutar com demônios. Jesus disse que aqueles que crerem usarão a autoridade dele — seu nome — para expulsar demônios. Não consigo encontrar nada na Bíblia dizendo que você precisa lutar a noite toda com um demônio. A Bíblia simplesmente diz: "em meu nome expulsarão demônios" (Marcos 16.17). Mateus 8.16 diz que Jesus "expulsou os espíritos com uma palavra" (Mateus 8.16). Creio que ele usou apenas umas poucas palavras, no máximo, para expulsá-los. Creio no que a Bíblia diz: "Aquele que está em vocês é maior do que aquele que está no mundo". Creio que não existe demônio neste mundo que tenha tanto poder quanto eu. Sabe por que creio nisso? Porque é o que a Palavra diz, e isso inclui tanto você quanto eu!

Lembre-se de que todo e qualquer crente foi pessoalmente comissionado pelo Senhor Jesus Cristo. Para ser crente, você precisa ser convencido de que tem poder em seu interior para vencer qualquer coisa que o Diabo possa lançar contra você.

Preste muita atenção no que Jesus diz em Lucas 10.19: "Eu dei a vocês autoridade para pisarem sobre cobras e escorpiões, e sobre todo o poder do inimigo; nada lhes fará dano". O problema de muitos crentes é que eles não usam o poder que Deus lhes deu. O poder está em nós — somos dotados desse poder, estamos revestidos dele —, mas muitos de nós temos medo de nos levantar e tocá-lo ou de dar um passo à frente e andar sobre as águas espirituais.

Não tenha receio de exercer a autoridade que Jesus deu a você! Você nunca expulsará o primeiro demônio até que tente fazê-lo. Você pode até ficar assustado na primeira vez. Eu certamente fiquei!

Na primeira vez em que deparei com a escolha entre expulsar um demônio ou correr para outra direção, finquei o pé e expulsei o demônio. O homem possesso era um executivo de uma das maiores empresas da América, e ele caiu no chão, contorcendo-se como uma cobra. O demônio estava tentando sufocá-lo e, depois que saiu, o homem se levantou, olhou para mim e pediu desculpas.

— Eu nunca soube que essa coisa estava em mim — disse. Ele era um homem de negócios muito bem-educado e bem-sucedido, mas um demônio havia ganhado o controle da sua vida!

Deixe-me dizer o que eu fiz. Eu estava com as pernas bambas, mas, enquanto o homem estava no chão, apenas fiquei ali e disse: "Jesus, Jesus, Jesus!". Fiquei repetindo seu nome várias vezes, simplesmente porque não sabia mais o que fazer! Eu já havia ordenado que o espírito saísse. E isso é tudo o que você realmente precisa fazer, porque Jesus disse:

> "Em meu nome expulsarão demônios; falarão novas línguas; pegarão em serpentes" [*isso não significa sair pela mata e pegar cascavéis, mas, se por acaso você encontrar uma, Deus pode proteger caso você seja acidentalmente picado*]; e, se beberem algum veneno mortal, não lhes fará mal nenhum [*se você estiver no campo missionário e alguém colocar veneno na sua água, você não sofrerá dano, mas não pense que pode deliberadamente ingerir uma dose de estricnina e sair vivo!*]; imporão as mãos sobre os doentes, e estes ficarão curados" (Marcos 16.17,18)

Jesus não está descrevendo um crente parcial aqui. Não é alguém que pensa: "A cura passou com os discípulos". Esse é um crente completo, alguém que acredita em tudo o que a Bíblia diz.

Vejamos agora um incidente no qual Jesus expulsou um demônio:

> Um homem, no meio da multidão, respondeu: "Mestre, eu te trouxe o meu filho, que está com um espírito que o impede de falar. Onde quer que o apanhe, joga-o no chão. Ele espuma pela boca, range os dentes e fica rígido. Pedi aos teus discípulos que expulsassem o espírito, mas eles não conseguiram".
>
> Respondeu Jesus: "Ó geração incrédula, até quando estarei com vocês? Até quando terei que suportá-los? Tragam-me o menino".
>
> Então, eles o trouxeram. Quando o espírito viu Jesus, imediatamente causou uma convulsão no menino. Este caiu no chão e começou a rolar, espumando pela boca (Marcos 9.17-20).

Muitas vezes, quando um possesso fica na presença de uma pessoa cheia do Espírito, ele tem uma convulsão, porque o espírito demoníaco sabe que terá de sair, e fica furioso. Esse espírito sabe que deparou com alguém que tem mais poder do que ele — alguém que conhece sua autoridade em Cristo.

O Diabo percebe se você sabe que tem mais poder do que ele. Você pode ser um cristão fraco e ter o poder de Deus em si, mas, se não acreditar que tem mais poder do que o Diabo, qualquer demônio que você tentar expulsar irá sentar-se e rir na sua cara. Ele dirá: "Você tem o poder, mas é tão estúpido que não sabe disso. Você nem se dá conta de que há mais poder em você do que em mim, por isso sou realmente muito mais esperto do que você!".

Encontrei muitos demônios que fizeram que a pessoa possuída se afastasse, dizendo: "Não me toque! Eu te odeio! Não se aproxime de mim!". Essas pessoas costumam cobrir o rosto com o braço para me impedir de vê-los. Quando isso acontece, você sabe o que eu faço? Vou atrás do demônio! Muitas vezes, coloquei a minha mão sobre a boca de uma pessoa e disse: "Em nome de Jesus, cale a boca!". E o demônio imediatamente se calou! Jesus disse em Marcos 1.25: "Cale-se e saia dele!". Demônios quase sempre falam através da voz humana porque controlam a mente das pessoas.

Eu não preciso ouvir nenhum demônio, nem você precisa. Nenhum demônio continuará retrucando o que digo, porque tenho mais poder do que qualquer um deles, e eles sabem que eu sei disso! É preciso autoridade para expulsar um demônio, e você precisa saber que tem essa autoridade!

Não fique surpreso se você for até alguém possesso e o demônio começar a gritar, porque foi isso o que os demônios fizeram quando viram Jesus. Quando você sabe que está no lado vencedor, o Diabo tem medo de você.

Quando o espírito fez o menino cair no chão, Marcos relata:

> Jesus perguntou ao pai do menino: "Há quanto tempo ele está assim?"
>
> "Desde a infância", respondeu ele. "Muitas vezes esse espírito o tem lançado no fogo e na água para matá-lo. Mas, se podes fazer alguma coisa, tem compaixão de nós e ajuda-nos."
>
> "Se podes?", disse Jesus. "Tudo é possível àquele que crê."
>
> Imediatamente o pai do menino exclamou: "Creio, ajuda-me a vencer a minha incredulidade!"
>
> Quando Jesus viu que uma multidão estava se ajuntando, repreendeu o espírito imundo, dizendo: "Espírito mudo e surdo, eu ordeno que o deixe e nunca mais entre nele".

O espírito gritou, agitou-o violentamente e saiu. O menino ficou como morto, a ponto de muitos dizerem: "Ele morreu". Mas Jesus tomou-o pela mão e o levantou, e ele ficou em pé (Marcos 9.21-27).

Às vezes, demônios dilaceram o corpo das pessoas ou as jogam no chão antes de serem expulsos. Observamos que, quando expulsamos um demônio, a pessoa quase sempre cai sob o poder de Deus e, por causa da presença e do poder do Espírito Santo, os demônios saem. Foi exatamente isso que aconteceu com o executivo na história relatada anteriormente neste capítulo. Jesus venceu todas as batalhas, e nós também podemos vencer!

Mateus 28.18 diz: "Então, Jesus aproximou-se deles e disse: 'Foi-me dada toda a autoridade nos céus e na terra'".

Deus deu a Jesus todo o poder no céu e na terra, e então Jesus virou-se e disse: "Agora saiam e usem minha autoridade para expulsar demônios". Isso mesmo — ele quer que você vá, mas eu sugiro que você nunca tente ir sem o nome e a autoridade de Jesus, ou sem o batismo com o Espírito Santo, porque lhe dou um conselho — sem isso, você pode realmente enfrentar problemas!

Deixe-me compartilhar uma história muito engraçada sobre algumas pessoas que tentaram fazer exatamente isso. Vários anos antes de termos recebido o batismo, fui a uma reunião de acampamento na qual ouvi uma das histórias mais estranhas da minha vida. Naquela época, eu nem sabia que os demônios eram reais, de modo que foi um choque ouvir dizer que uma idosa possuída de demônios tinha sido levada à reunião para ser liberta. Alguns homens entraram em um prédio longe do acampamento, porque era ali que a libertação deveria acontecer. Eles permaneceriam lá por um curto período de tempo, quando o barulho e o alvoroço atraíram muitos outros homens. Eles tiveram a maior surpresa quando entraram na sala!

Você pode adivinhar, usando a sua mais louca imaginação, o que aquela senhora estava fazendo? Ela estava pegando homens fortes e jovens, cada um deles pesando entre 150 e 200 quilos, e jogando-os do outro lado da sala! Você sabe por que ela conseguia fazer isso? Porque os homens estavam lá sem o poder do Espírito Santo. Eles estavam tentando usar a própria força física sem a autoridade de Jesus! O que aconteceu? Um desastre! Posso garantir que, quando você coloca uma minúscula mulher endemoninhada contra pessoas que não têm poder, o que ela pode fazer com os outros é totalmente incrível!

Os demônios gostam de fazer isso! Gostam de mostrar seu poder, mas fogem quando você usa o nome que é exaltado acima de qualquer outro nome! O nome de Jesus está acima dos demônios! O nome de Jesus está acima do câncer! O nome de Jesus está acima da epilepsia! O nome de Jesus está acima de qualquer outro nome que existe! Esse é um nome altamente exaltado!

A conversa no acampamento era a respeito daquela criatura que havia jogado vários homens grandes numa sala e acabou sendo mandada embora na mesma condição que havia chegado, porque nenhum deles teve poder maior do que aquele que estava vivendo nela!

Lembro-me de como eu fiquei assustada! Tenho certeza de que a história foi aumentada por aqueles que passaram pelo acampamento, mas, mesmo assim, é uma história de arrepiar os cabelos. Como eu gostaria de saber na época o que sei hoje! Eu simplesmente teria dito: "Saia, em nome de Jesus", e o demônio sairia.

Isso me faz recordar de uma das belas histórias da Bíblia. Ela tem um desfecho engraçado relacionado à expulsão sem poder de demônios. O capítulo 19 de Atos fala a respeito dos sete filhos de Ceva, que saíram dizendo algo como: "Em nome de Jesus, a quem Paulo prega, eu ordeno que saiam!".

O demônio que estava no homem respondeu: "Jesus, eu conheço, Paulo, eu sei quem é; mas vocês, quem são?" (Atos 19.15). Ele sabia que Jesus e Paulo tinham autoridade, e sabia que aqueles "filhos de Ceva" não tinham, por isso o demônio os reduziu a frangalhos! Eles levaram a maior surra de sua vida! O demônio era tão poderoso que até rasgou a roupa deles!

Isso foi quase a mesma coisa que aconteceu com os homens que tentaram dar libertação àquela senhorinha idosa. Eles tiveram as roupas rasgadas e receberam a maior surra de sua vida! Pode parecer engraçado quando contamos a história, mas certamente não teve graça para os envolvidos!

Nós aprendemos por repetição. É por isso que usamos Marcos 16.17 repetidas vezes — porque é vital que nos lembremos do texto. Descobri que, se você ficar ouvindo a mesma coisa repetidas vezes, isso acaba entrando no seu espírito, e você se surpreenderá pensando: "Uau! Eu me lembro disso. Isso é parte de mim agora!".

A Grande Comissão, como registrada em Mateus, é a mesma que foi incluída em Marcos, exceto pelo fato de que Marcos a ampliou!

> "Vão pelo mundo todo e preguem o evangelho a todas as pessoas. Quem crer e for batizado será salvo, mas quem não crer será condenado. Estes sinais acompanharão os que crerem: em meu nome expulsarão demônios; falarão novas línguas; pegarão em serpentes; e, se beberem algum veneno mortal, não lhes fará mal nenhum; imporão as mãos sobre os doentes, e estes ficarão curados." (Marcos 16.15-18)

Em nome de quem nós expulsamos demônios e curamos os doentes? Em nome de Jesus! Lembre-se de que é sempre em nome de Jesus. Precisamos estar conscientes de que Jesus Cristo vive em nós pelo poder do Espírito Santo. Jesus não vive em algum lugar a quilômetros de distância. Ele não chega sem aviso à sua casa e o arrasta contra a sua vontade para a vida eterna ou para a realização da Grande Comissão. Jesus vive em você! "Cristo em vocês, a esperança da glória" (Colossenses 1.27). Romanos 8.11 diz: "E, se o Espírito daquele que ressuscitou Jesus dentre os mortos habita em vocês, aquele que ressuscitou a Cristo dentre os mortos também dará vida a seus corpos mortais, por meio do seu Espírito, que habita em vocês".

É necessário o pleno reconhecimento, além de qualquer dúvida, de que o Espírito Santo vive em nós. O poder da ressurreição que tirou Jesus da sepultura é exatamente o mesmo que habita cada ser humano cheio do Espírito! Precisamos ter esse fato gravado no nosso espírito e reconhecer que temos esse mesmo poder de ressurreição! Não temos um poder menor ou uma potência mais fraca; temos o mesmo poder de ressurreição que tirou Jesus do túmulo. Eu o tenho e você também o tem, se você foi batizado com o Espírito Santo. Vamos agir de acordo com aquilo em que acreditamos!

Mateus 12.28,29 é uma passagem importante para aprendermos a lidar com demônios. Jesus disse:

> "Mas, se é pelo Espírito de Deus que eu expulso demônios, então chegou a vocês o Reino de Deus.
>
> Ou, como alguém pode entrar na casa do homem forte e levar dali seus bens, sem antes amarrá-lo? Só então poderá roubar a casa dele".

Antes de qualquer outra coisa, Satanás precisa ser amarrado no poderoso nome de Jesus. Quando você faz isso, é como se cortasse o cordão umbilical entre Satanás e seus demônios, e suas pequenas tropas se veem sem sua fonte de energia.

Satanás é o príncipe do ar, o comandante de todos os anjos caídos. Algumas pessoas acreditam que demônios e anjos caídos são dois tipos distintos de seres. Na verdade, não faz diferença se você se refere a eles como demônios, espíritos do mal, anjos caídos ou espíritos malignos; eles estão todos sob o controle de Satanás, porque ele é o governante do mundo espiritual do mal!

Uma vez anulado seu poder e suplantada, ou controlada, sua autoridade em nome de Jesus, pelo Espírito de Deus dentro de nós, então podemos expulsar o espírito maligno ou demônio — como você preferir chamá-lo — pela autoridade de Jesus!

Trazendo isso a um nível prático, acreditamos que a maior parte das doenças incuráveis são causadas por um espírito demoníaco. Quando um médico diz não haver cura, as nossas antenas espirituais captam o fato de que se trata de um espírito. Por exemplo, uma vez que o câncer é considerado incurável, acreditamos que ele é causado por um espírito maligno que ataca o corpo.

Permita-me mostrar o meu entendimento sobre como o demônio do câncer opera. Ele não pode entrar no seu espírito se você for cristão, mas certamente pode entrar e atacar o seu corpo e a sua mente. Por exemplo, um demônio pode olhar para uma mulher e dizer: "Acho que posso colocar um pouco de câncer nela. Ela parece realmente uma boa vítima". Ele pula no corpo da mulher (não em seu espírito), e não demora muito até ela descobrir que tem câncer no seio. Ela vai ao médico. Entra em pânico! O médico diz: "Vamos extrair esse câncer". O demônio vai direto para a sala de operação e provavelmente se senta lá, rindo do médico. No momento em que o médico insere o bisturi, o demônio diz: "*Ops*, aqui vou eu! Vou passar para o outro lado!". Então, imagino que ele apenas se senta lá e ri enquanto o médico opera, por causa do estrago que o demônio fez no outro lado.

O demônio dirá alegremente: "Eles pensam que conseguiram, mas não conseguiram. Eu apenas vou pular para o outro lado!".

Três anos depois, a mulher volta ao médico, e eles descobrem câncer no outro seio. Por quê? Porque o demônio não foi expulso, e não se pode extirpar um demônio numa cirurgia. Ao fazer a cirurgia seguinte, o demônio diz: "*Ops*, acho que vou para o estômago desta vez, ou talvez para os pulmões!".

Os demônios provavelmente podem plantar uma semente como o câncer na nossa carne, nos nossos ossos ou no nosso sangue e depois pairar fora de nós ou até mesmo nos deixar; todavia, a semente continuará a produzir um rápido crescimento das células destrutivas com o objetivo de destruir o nosso corpo. Quando um homem lança o esperma no útero de uma mulher, as células se desenvolvem numa criança. O Diabo falsifica qualquer coisa boa com má; portanto, é lógico que ele planta sementes assassinas em vez de sementes de vida. É muito provável que essa seja a maneira pela qual muitas doenças causadas por demônios são implantadas no nosso corpo. Sabemos, é claro, pela Bíblia que os demônios realmente ocupam o corpo humano quando podem; então talvez eles tragam a semente e fiquem com ela no corpo.

Os médicos e as enfermeiras nos dizem que a medula óssea é a fabricante do sangue, que é a vida. Sabemos que os pacientes de câncer precisam frequentemente de um novo suprimento de sangue.

Geralmente, quando ministramos cura a uma vítima de câncer, as nossas orações são algo como: "Pai, nós te louvamos pelo poder que nos deste sobre todo o poder do inimigo e pelo poder e autoridade para curar os doentes. Satanás, nós o amarramos com o poder do Espírito Santo, em nome de Jesus. Espírito do câncer, nós ordenamos que saia e não volte mais. Semente do câncer, nós a amaldiçoamos e ordenamos que morra. Medula óssea, nós ordenamos que produza sangue saudável e o envie para cura e saúde a este corpo. Em nome de Jesus!".

Um amigo nosso, cirurgião cheio do Espírito Santo, tem muitos pacientes que são encaminhados a ele por causa de seu excelente serviço com doentes de câncer. Quando ele entra na sala de operações, é o "chefão" ali. Ele impõe as mãos nos pacientes e começa a orar em línguas antes de operar e depois expulsa o espírito do câncer. Ele tem um grande recorde de recuperação porque, uma vez que ordena que os espíritos saiam, não é difícil extirpar a carne que está doente!

Um amigo nosso que não é apenas um médico bem-sucedido e cheio do Espírito, mas também um ministro de cura no poder do Espírito Santo, estava conversando conosco sobre doenças incuráveis causadas por espíritos malignos. Ele nos fez a seguinte declaração: "No momento atual, em que estamos desembarcando homens na Lua e examinamos moléculas de DNA através de microscópios, considero que as doenças que não podemos entender e que afirmamos ser incuráveis devem ter sua origem em outros lugares, não na ciência".

Acredito que "não na ciência" se refere ao mundo espiritual e que a origem são os demônios.

> Pois a nossa luta não é contra seres humanos, mas contra os poderes e autoridades, contra os dominadores deste mundo de trevas, contra as forças espirituais do mal nas regiões celestiais. (Efésios 6.12)

Não estamos lutando contra pessoas! Estamos lutando contra seres invisíveis. Não podemos combatê-los da forma natural como faríamos com outros seres humanos.

Quando se está lutando contra um espírito maligno que causa uma doença, a luta é contra um principado invisível. Você está lutando contra algo que não pode ver. É por isso que, da forma natural, não temos poder ou controle nenhum sobre os demônios. Lembre-se de que é somente na área sobrenatural que vencemos, e somente por causa de Jesus!

Lembre-se também de que cada ataque do Diabo atinge um de dois lugares: o seu corpo ou a sua mente. O Diabo quer a sua mente, e ele atacará você de toda forma que puder tentar para obter o controle. Normalmente não é o seu espírito que o Diabo ataca primeiro, mas, se você deixá-lo entrar no seu corpo e na sua mente, então o que você pensa que acontecerá com o seu espírito? O seu espírito irá direto pelo ralo junto com ele! Ele quer a sua alma, mas ataca primeiro a sua mente. A melhor defesa é começar a colocar a Palavra de Deus na sua mente para que ela permeie o seu espírito. Depois, você pode usar a Palavra como ferramenta para repelir os ataques do Diabo, exatamente como Jesus fez. (V. Mateus 4.4-10; Lucas 4.4-10.) Você pode fazer o Diabo sentar-se e então dizer a ele: "Olhe aqui, Diabo, está escrito...".

Há muitos tipos diferentes de espíritos. Charles e eu nunca perdemos tempo perguntando qual é o nome deles, porque houve apenas um lugar na Bíblia em que Jesus fez isso, e eles responderam: "Legião". Jesus não continuou a conversa, dizendo: "Legião, cite o nome de todos", porque uma legião podia ser mil ou possivelmente milhares. Você pode imaginar Jesus sentado ali ouvindo milhares de demônios citar seus nomes? Jesus tinha coisas mais importantes a fazer, por isso usou somente algumas palavras, e eles saíram!

A nossa filha, Joan, certa vez, telefonou da faculdade para casa, dizendo:

— Tivemos um estudo bíblico emocionante esta noite, e alguém teve o espírito de tagarela expulso!

— Espírito de quê? — perguntei.

— Espírito de tagarela! — ela respondeu.

Pareceu-me que fora necessário dizer a alguém para calar a boca e não falar tanto! Isso também me faz lembrar da senhora que queria que o espírito de "gordura" fosse expulso. O evangelista retrucou: "Mas esta espécie só sai pela oração e pelo jejum" (Mateus 17.21)

Lembra-se do que eu disse a respeito do equilíbrio? Podemos extrapolar e inventar nomes para todos os tipos de espíritos. Tenho ouvido sobre os espíritos de queimadura do sol, queimadura produzida por gelo, frio e quentura, e muitos outros títulos interessantes, mas não creio que eles devam ser classificados sob o título de espíritos malignos ou demônios!

Lembremo-nos sempre, porém, de que existem muitos espíritos legítimos. Você deve observar que Jesus chamou os espíritos por aquilo que eles fizeram, não pelos seus nomes.

Um dos espíritos que temos expulsado com êxito é o espírito de maldição hereditária. Às vezes, uma maldição foi lançada sobre uma família e, se você rastrear suficientemente a história familiar, descobrirá que, em algum lugar na árvore genealógica, uma maldição lançada sobre uma tataravó chegou até a presente geração.

Em uma reunião na Costa Oeste, havia um jovem, membro de uma família de 24 filhos. Catorze deles eram surdos! O que isso diz a você? Essa deficiência aparentemente se originou de um espírito de maldição hereditária, porque não haveria o mesmo conjunto de circunstâncias em torno de cada nascimento para tornar essas crianças surdas. Então deve ter havido algo nos genes da família. Quem desordena os genes? O Diabo o faz!

O espírito de maldição hereditária desceu sobre essa família, por isso impusemos as mãos naquele jovem, amarrando Satanás em nome de Jesus e pelo poder de Deus. Depois disso, expulsamos o espírito de maldição hereditária e o espírito de surdez.

Então pedimos para Deus criar novos tímpanos. O jovem devia ter tímpanos defeituosos, ou nenhum tímpano, porque, pela primeira vez na sua vida, começou a ouvir!

Mas ele ouvia com apenas um ouvido.

No dia seguinte, o jovem voltou e contou o que havia feito na noite anterior. Ele ficou tão animado pelo fato de ouvir que foi a um restaurante em que muitas outras pessoas da convenção estavam jantando e, de mesa em mesa, insistia com todos:

— Digam alguma coisa! Digam alguma coisa! Eu posso ouvir!

Depois, ele tomou o ônibus para ir embora e disse ao motorista:

— Eu posso ouvir!

Grande coisa! Bem, pode não ser grande coisa para você, que ouviu a vida toda, mas, para alguém que nunca ouviu um som, foi emocionante!

O jovem sempre ligava o despertador à sua perna com um fio elétrico para que o despertasse com um choque, mas no dia seguinte ele disse: "Um dos sons mais bonitos que já ouvi foi o alarme disparando!".

Observe como tudo aconteceu. Primeiro, amarramos Satanás em nome de Jesus e pelo poder de Deus (v. Mateus 12.29). Expulsamos o espírito de maldição hereditária e de surdez e, depois, pedimos a Deus um milagre criador. Tiago disse: Vocês "pedem, não recebem, pois pedem por motivos errados" (Tiago 4.3). Muitas vezes, as pessoas não seguem os métodos de Jesus para curar os doentes.

Nós poderíamos ter orado e ordenado que o espírito de maldição hereditária saísse e então esquecido de orar para que ocorresse o milagre criador e o jovem recebesse um novo ouvido. Teria sido possível livrar-se do Diabo, mas o homem ainda poderia não ser capaz de ouvir por causa da deficiência auditiva.

Muitos milagres de cura ocorrem instantaneamente quando o demônio sai. A propósito, seu outro ouvido foi curado na segunda noite!

Por favor, não nos entenda mal quando falamos em diferentes maneiras de curar os doentes, porque Deus é sempre soberano. Mesmo se você orar: "Deus, cura o dedo do pé desta pessoa", e a pessoa nem sequer tiver o dedo do pé, Deus pode curar o que estiver errado com essa pessoa. Ou, mesmo se não houver nada errado com o dedo, mas, se o resto do corpo tiver algum defeito, Deus pode curar a pessoa, independentemente do que você orar. Lembre-se, Deus é soberano e pode fazer exatamente o que quiser, quando quiser. Mas Deus quer que façamos muito mais do que temos feito até agora!

Em uma das nossas campanhas, Bob, o nosso genro, foi chamado para uma sala contígua na qual cerca de 50 pessoas estavam tentando expulsar um demônio de uma menina de 13 anos de idade. Alguns homens tentavam segurar a menina no chão, enquanto outros falavam em línguas em voz alta e gritavam: "Saia dela, seu demônio! E outros bradavam repetidas vezes: "Diga o seu nome!".

Havia tanta confusão que a pobre criança teria ficado assustada antes de saber o que fazer, se quisesse fazer algo.

Como parte da nossa equipe, Bob foi chamado para ajudar; então ele imediatamente pediu a todos que saíssem da sala, com exceção da garota e de seus pais adotivos. Em seguida, começou a falar suavemente à garotinha para acalmá-la.

Em razão de sua experiência em operar nos dons do Espírito, Bob sabia que Deus podia suprir todas as suas necessidades num momento como aquele, por isso pediu-lhe uma palavra de conhecimento sobre o espírito que estava na garota.

Deus disse somente uma palavra — uma palavra surpreendente — "Lao".

Bob perguntou à menina o que "Lao" significava para ela.
Ela ficou atônita e disse:
— Como você sabia a respeito dele?
Bob disse que Deus lhe havia contado.
Amedrontada, ela comentou:
— Ninguém sabe a respeito dele, a não ser eu! Ele é o único que veio a mim e me ofereceu o poder, e ele é quem me diz o que fazer. Seu nome é Lao, e ele me diz como fazer que as pessoas, os móveis e as coisas flutuem no ar. Ele me diz como fazer coisas sobrenaturais na feitiçaria.
E então confessou:
— Estou apavorada!
A menina contou que, quando tinha apenas 8 ou 9 anos, um espírito lhe ofereceu poderes especiais se ela lhe entregasse a vida. Assim como Eva acreditou na mentira do Diabo, aquela garota acreditou numa mentira e fez um trato com Satanás. No começo, pensou que seria "divertido" operar nesse poder, mas, com o passar do tempo, ficou assustada.
Bob perguntou se a garota gostaria de ficar livre daquele demônio e de seu controle sobre a vida dela. Ela disse:
— Você realmente acha que posso ficar livre sem que ele me destrua com os mesmos poderes que me deu?
Bob garantiu que, se ela realmente quisesse ficar livre, poderia amarrar o espírito para que ele não usasse seus poderes sobre ela. Bob contou que Jesus disse em Lucas 10.19: "Eu dei a vocês autoridade para pisarem sobre cobras e escorpiões, e sobre todo o poder do inimigo; nada lhes fará dano".
Ela afirmou:
— Eu quero ficar livre.
Suavemente, mas com fé e autoridade, Bob ordenou que o espírito saísse em nome de Jesus! O espírito saiu, e a menina ficou completamente livre daquele demônio atormentador.

Nós a vimos cerca de um ano depois. Ela era uma cristã bonita e feliz, sem temor em sua vida! Glória a Deus, ela fora liberta!

Por meio dessa palavra de Deus, a confiança da garota foi ganha, e ela se dispôs a falar livremente a Bob.

O que teria acontecido se Bob tivesse ordenado que aquele espírito dissesse seu nome? A Bíblia dá a seguinte resposta: "Vocês pertencem ao pai de vocês, o Diabo, e querem realizar o desejo dele. [...] Quando mente, fala a sua própria língua, pois é mentiroso e pai da mentira" (João 8.44).

Se o Diabo não pode falar a verdade, como podemos pedir a ele ou a algum de seus demônios que digam o próprio nome e esperar ouvir a verdade? Não é mais bíblico perguntar a Deus?

> Ao contrário, falamos da sabedoria de Deus, do mistério que estava oculto, o qual Deus preordenou, antes do princípio das eras, para a nossa glória. [...] mas Deus o revelou a nós por meio do Espírito. O Espírito sonda todas as coisas, até mesmo as coisas mais profundas de Deus. (1Coríntios 2.7,10)

Por favor, não pense que estamos criticando os que têm sucesso em exorcizar demônios por meios diferentes dos que nós usamos. Se você tem sucesso em fazer um demônio confessar seu nome, continue fazendo isso! Mas tente uma maneira mais fácil, certo?

Se você tem sucesso lutando com um demônio a noite toda, suponho que seja certo continuar, mas eu tentaria encontrar um atalho para que pudesse gastar mais tempo falando sobre Jesus do que sobre os demônios.

Creio que Deus está no céu chorando sobre igrejas que não impõem as mãos em pessoas nas manhãs de domingo, nem acreditam em sua cura, porque Deus os quer bem!

Nós estávamos no Centro de Divulgação Mundial Palavra da Fé, de Bob Tilton, em Dallas, Texas, num domingo de Natal. As pessoas estavam compartilhando seus testemunhos, mas pareceu que quase todos davam testemunho sobre prosperidade! Finalmente, no final, uma senhora se levantou e disse:

— Neste ano fui curada de câncer.

Depois do culto, perguntei a Bob:

— Poucas pessoas são curadas na sua igreja?

Ele respondeu:

— Não muitas.

Eu questionei:

— Por quê?

Ele explicou:

— Eu lhes ensino a andar com saúde divina, por isso elas não precisam ser curadas.

Glória a Deus! Penso que é assim que deve ser nas nossas igrejas. Devemos andar com saúde divina para não precisarmos ser curados, mas ensinamos formas diferentes de curar os doentes para que você possa ir pelo mundo, ou pela sua parte do mundo, onde as pessoas não sabem andar em saúde divina, e para que você possa curá-las! Talvez elas nem tenham ouvido que existe cura em nome de Jesus! Quando João disse: "Amado, oro para que você tenha boa saúde e tudo corra bem, assim como vai bem a sua alma" (3João 2), ele quis nos dizer para andarmos em saúde divina!

Deus, com frequência, fará o incomum quando você recebe pela primeira vez o batismo ou quando começa a sair e impor as mãos nos doentes. Você sabia disso? Deus provavelmente diz: "Bem, vou ver se eles realmente estão sendo sinceros comigo".

Na nossa cidade natal, logo depois de recebermos o batismo, Charles e eu estávamos falando a uma pequena igreja, e um homem nos trouxe uma senhora que tinha câncer. Lembre-se, havíamos acabado de receber o batismo e ainda não tínhamos sido instruídos no Pentecoste.

Nós não entendíamos o sobrenatural! Não compreendíamos o que significava cair sob o poder! Eram coisas novas para nós, e, todavia, foi emocionante nos darmos conta repentinamente de que, ao impor as nossas mãos, alguém caía! Andar pelo corredor de uma igreja e ver pessoas caindo sob o poder de Deus foi uma experiência incrível, tremendamente emocionante!

Ficamos muito animados com as coisas que começamos a ver Jesus fazer; nada poderia nos deter! Charles e eu impusemos as mãos naquela senhora e oramos por ela, e ela caiu sob o poder de Deus! Dissemos: "Muito obrigado, Jesus", e ela começou a vomitar! Aquilo não parecia incomodá-la nem um pouco. Nem nos incomodou, porque algo no nosso espírito disse: "O que está saindo é o câncer!".

Saíram cerca de dois baldes cheios, e o tempo todo ficamos em pé ali, dizendo: "Aleluia! Glória a Deus!". Se você acha que a sua fé não será provada vendo um monte de coisas horríveis saindo de uma pessoa, é melhor repensar aquilo em que crê! Deus quis nos mostrar que ele faz as coisas da maneira que quiser, mesmo se nos consideramos refinados demais ou não quisermos ficar ao lado vendo alguém vomitar!

Foi a sujeira mais horrível que já vi, mas, glória a Deus, o câncer saiu em vez de ficar naquela mulher!

Nem sempre Deus faz coisas como essa, mas, no começo, ele quase sempre age dessa forma para provar a sua fé. Ele nos perguntou: "Vocês têm certeza de que querem estar no ministério de cura? Têm certeza de que é isso o que querem?". Charles e eu respondemos: "Sim", e continuamos!

A mesma coisa aconteceu numa enorme igreja modernista após um grande evento que realizamos ali certa noite, quando mais de 700 pessoas foram curadas ao mesmo tempo.

Um homem que tinha acabado de ser cheio do Espírito veio até nós e disse:

— Como explico aos outros, que não sabem nada sobre o poder de cura de Deus, por que todo esse câncer foi vomitado no chão na noite passada?

Ouvi dizer que, em algumas das reuniões de Aimee Semple McPherson, foi necessário usar um carrinho de mão e pá para recolher os cânceres que tinham caído de pessoas. Não vire o nariz para isso! Basta esperar até que você esteja lá e algum caroço de câncer caia em suas mãos! Sabe o que vai acontecer com você? O Espírito de Deus o subjugará, e você olhará para aquele câncer desagradável e dirá: "Aleluia!", porque ele estará morto, apenas colocado lá nas suas mãos! Não estará vivendo no corpo de outra pessoa!

Você gostaria de impor as mãos em alguém e ver o câncer cair nas suas mãos? Eu digo a você: isso é vida real! Você pode pensar que sair para jantar em um restaurante chique e ter todos os tipos de bife e lagostas para comer é realmente viver, mas não é. Viver realmente é ver os doentes sendo curados e os demônios fugindo, mesmo se a evidência acabar nas suas mãos! Raramente vemos pessoas vomitando quando são curadas e libertas, mas não fique chocado se isso acontecer!

Quando Jesus ressurgiu dentre os mortos, deixou atrás de si um Satanás eternamente derrotado. Jamais pense em Satanás como alguém que não seja um inimigo derrotado. Não saia de lá nem pense: "Maior é quem está olhando para mim através dos olhos dessa garota com um demônio dentro de si do que aquele que está em mim, Jesus. Acho melhor voltar atrás. Acho melhor fugir para outra parte". Não se atreva jamais a pensar dessa forma! Lembre-se, o Diabo é um inimigo eternamente derrotado!

Novamente, quero dar um conselho a você: o ministério de libertação é emocionante por causa da tremenda liberdade que traz às pessoas. Mas não seja desequilibrado a ponto de ver um demônio atrás de cada maçaneta. Temos um tapete novo na Cidade da Luz, e ele espalha pelos por toda parte. Agora, isso não é um demônio do "pelo de tapete"; é apenas algo que acontece quando você compra um tapete novo e não o aspira todos os dias! Percebe o que eu estou dizendo?

Há um lugar real válido, e um tempo real válido, e um verdadeiro espírito demoníaco válido para você expulsar. E há um número suficiente de espíritos malignos vivos ao redor; então você não precisa andar por aí tentando inventar demônios de todos os tipos!

Aqui está um pequeno conselho que pode ajudar você. De vez em quando, uma mãe traz seu filho a mim e diz algo como: "Este menino está possuído por demônios. Não posso fazer nada com ele. Ele precisa de libertação!". Ela está segurando uma criança que grita, chuta, se arranha. O menino é tão selvagem que nem consigo me aproximar dele. Um dia, Deus me mostrou por que algumas dessas crianças reagem assim. Como você reagiria se um evangelista poderoso colocasse as mãos sobre você por algo que você não entendesse, sacudindo-o todo e ordenando: "Diabo, saia dele!"? Isso o assustaria tanto que provavelmente você decidiria ali mesmo nunca mais deixar ninguém orar por você pelo resto da sua vida!

Vimos um exemplo disso recentemente quando a mãe de um menino de cerca de 9 ou 10 anos tentou apresentá-lo a mim pessoalmente. Ela disse:

— Ele tem 47 demônios. Por favor, livre o meu filho deles!

Olhei para o menino, e ele me pareceu apenas assustado, mas, quando ele olhou para mim, livrou-se de sua mãe e correu pelo enorme auditório todo tão depressa que ninguém pôde pegá-lo. Ele gritava a plenos pulmões, mas eu não conseguia ver nada mais que um menino normal e extremamente assustado.

Foi quando Deus me disse que aquele menino não tinha sido preparado para uma cura pelo toque de Deus, o Pai amoroso. Deus me perguntou como eu me sentiria se alguém me derrubasse no chão e dez adultos sentassem em cima de mim para me segurar? É melhor você acreditar que eu começaria a lutar, arranhar, chutar e fazer tudo mais que pudesse para ficar livre, e eu, afinal, não sou possuída por nenhum demônio.

Um homem viu a mesma coisa que eu e, no dia seguinte, sentou-se ao lado da mesma criança e, com grande amor, orou para que as cicatrizes da libertação descuidada fossem apagadas da mente do menino. Aquela criança foi lindamente liberta por meio do amor, não pela declaração expressa.

Charles

Enquanto Frances e eu escrevemos este livro, temos constantemente em mente que os caminhos de Deus são inescrutáveis, e sua sabedoria e seu poder estão além de qualquer forma possível de expressão, enquanto nós temos apenas um vislumbre de como ele age. Não podemos sequer começar a compreender as coisas que Deus toma por certo, como criar o Universo e colocar as estrelas e planetas numa órbita exata.

Estamos simplesmente descrevendo e compartilhando com você as formas com que Deus tem trabalhado e está trabalhando no nosso ministério, muitas das quais surpreendentemente semelhantes às formas pelas quais ele trabalhou nos episódios registrados em sua Palavra.

Apresentamos maneiras e exemplos de expulsão de demônios. Não há dúvida de que existem centenas de formas de fazer isso, mas sabemos que, em última análise, tudo se resume ao princípio de que é algo feito pelo poder do Espírito Santo de Deus em nós, que é feito em nome de Jesus, e que é feito pela autoridade de Jesus! Tudo mais aqui tem o objetivo de o incentivar e ensinar a você maneiras de realizar a comissão de Jesus para libertar os oprimidos a fim de que eles possam ser levados para o reino da luz.

Uma senhora que tinha dor no abdome havia três anos já consultara muitos tipos de médicos, mas nenhum deles encontrou a causa de sua dor. Ela recebera oração em muitas reuniões carismáticas, todavia a dor persistira. Nós louvamos a Deus pela medicina, mas compreendi que, se os médicos não conseguiram encontrar a causa, deveria ser um demônio, porque médicos sem o batismo do Espírito Santo não têm o discernimento sobrenatural para saber que um espírito pode causar dor.

Pedi para a senhora colocar as mãos onde estava a dor e então coloquei a minha própria mão sobre as dela, amarrando Satanás, e ordenei ao espírito de dor que saísse, em nome de Jesus.

Eu a vi liberta da dor e então perguntei-lhe o que havia acontecido. Deus deve ter aberto seus olhos espirituais, porque, quando eu disse "Saia!", ela respondeu:

— O que parecia ser uma coisa grande como uma sanguessuga, com pernas enterradas em mim, saiu, virou-se no ar e zuniu para o espaço para bem longe de mim.

Toda a dor saiu instantaneamente! Louvado seja Jesus por libertar os cativos!

Alguns meses depois, fomos visitados por um amigo. Ele contou que sua esposa tinha uma dor no abdome, tinha ido a muitos médicos diferentes, sem que nenhum deles encontrasse a causa ou a cura, e muitas vezes havia recebido oração. A situação era exatamente igual à da outra mulher.

Eles moravam a aproximadamente 600 quilômetros de distância, por isso pedi para o nosso amigo telefonar para a esposa. Expliquei-lhe a respeito da outra libertação. Ela colocou a mão sobre a área dolorida; amarrei Satanás pelo poder do

Espírito Santo e ordenei que o espírito de dor saísse, em nome de Jesus. Então perguntei:

— Onde está a dor?

Ela respondeu:

— Eu não a tenho mais!

Glória a Deus, até mesmo a distância não faz diferença quando a autoridade de Jesus é usada para livrar alguém de um inimigo de Deus! A propósito, as duas pessoas de quem o espírito de dor foi expulso eram cristãs cheias do Espírito. É possível que o surdo, o mudo, o cego ou outros espíritos citados por Jesus poderiam ter sido expulsos de um crente. Novamente, não cremos que um demônio pode estar no espírito de um cristão, mas eles podem atacar o corpo ou a mente. Não temos evidência de que o demônio realmente precisa "habitar em" uma pessoa para causar um "espírito de dor" ou qualquer outro espírito citado por Jesus. Eles podem simplesmente atacar uma parte do corpo, possivelmente até mesmo implantar um câncer.

Certo dia eu estava conversando com um homem que me disse que sua perna direita tinha sido amputada acima do joelho. Naquela noite, ele veio a mim para orar, dizendo estar com dor em seu pé direito.

Comecei a colocar as mãos sobre ele quando de repente me lembrei de que ele não tinha a perna nem o pé direito e lhe disse:

— O que você quer dizer com dor no pé direito? Pensei ter ouvido você dizer que não tinha perna!

Ele respondeu:

— Isso mesmo. Os médicos chamam isso de dor fantasma.

Imediatamente veio à minha mente a ideia de que não havia restado nenhum nervo para sinalizar a dor ao cérebro, de modo que devia ser um espírito fantasma. Mandei esse espírito fantasma de dor sair em nome de Jesus e pelo poder do Espírito Santo, e ele imediatamente saiu!

Então Deus me deu uma palavra de conhecimento de que a dor retornaria duas vezes mais, e ele deveria repreendê-la nas duas situações, porque, depois, ele nunca mais a sentiria.

No dia seguinte, ele me procurou e disse:

— Você estava absolutamente certo: ele voltou duas vezes, nas duas vezes o repreendi, e ele saiu!

Toda dor é causada por um demônio? Não, porque, se você estender o dedo sobre um forno quente ou cortá-lo com uma faca, sofrerá dor. Se isso acontecer, ordene que o seu dedo seja curado, em nome de Jesus, e repreenda a dor.

Quando Jesus foi à casa da sogra de Pedro, ela estava doente e febril. Jesus a tomou pela mão (a tocou) e, em Lucas, está escrito que ele se inclinou sobre ela e repreendeu a febre, que a deixou. (V. Lucas 4.39.)

A nossa filha, Joan, teve dois dentes de siso arrancados quando era adolescente. Quando cheguei em casa do trabalho, e o efeito da Novocaína havia passado, Joan estava chorando de dor. Coloquei as mãos sobre suas mandíbulas e disse:

— Dor, eu a repreendo, em nome de Jesus.

A dor saiu e nunca mais voltou. Aquilo não foi um espírito, foi apenas um ferimento provocado pela cirurgia.

Temos ministrado em auditórios do mundo todo e, quando o poder de Deus está fluindo e as pessoas são sensíveis ao compartilhamento da Palavra de Deus e aos testemunhos de seus grandes milagres, os demônios simplesmente não podem suportar a presença de Deus. Eles simplesmente deixam suas habitações humanas.

Certa noite, numa grande multidão, as pessoas caíam sob o poder às dezenas, eram curadas em massa e o dom da palavra de conhecimento estava trabalhando através de nós, quando um grito hediondo surgiu da parte de trás da plateia.

Alguém tinha trazido um amigo não salvo de um estúdio de dança, e o demônio não pôde suportar o poder de Deus, por isso saiu sem que lhe ordenassem fazê-lo.

É muito importante que façamos tudo o que pudermos para conquistar os que estão enlaçados pelo ladrão e pelo destruidor antes que eles sejam destinados à perdição da glória que Deus providenciou para nós.

Oh, se todos pudéssemos ter uma visão do que Deus quer para nós e percebêssemos a maravilha de tudo isso ao compreendermos plenamente que somos uma geração escolhida, um povo especial que é chamado por Deus. Ele não quer que fiquemos presos pelo Diabo; ele nos quer libertos pelo seu santo e incrível poder!

"Assim diz o SENHOR, o Deus de Israel: 'Deixe o meu povo ir'" (Êxodo 5.1). Deus estava libertando seu povo de um faraó controlado pelo Diabo. Hoje, Deus quer que libertemos o seu povo do mundo controlado pelo Diabo.

Uma das libertações mais bonitas que já vi aconteceu no nosso escritório. Uma jovem senhora que repetidamente havia tentado o suicídio foi trazida à minha presença. Ela estava determinada a se matar, totalmente possuída por esse demônio controlador do suicídio. Ela fora aconselhada por cristãos cheios do Espírito; havia passado por cura interior; haviam orado por ela; e tentativas tinham sido feitas para expulsar o demônio, contudo ela continuava determinada a se matar.

Sua amargura em relação à vida era tão forte que seu desejo determinado de destruição aparecia claramente em seu rosto! Ela fora confinada a uma enfermaria psiquiátrica do hospital e, mesmo lá, havia tentado o suicídio. Mesmo no hospital, ela também cometeu adultério.

Quando comecei a ministrar-lhe com amor e compaixão dados por Deus, eu lhe disse com muita suavidade que Deus a amava e queria que ela vivesse para ele e estivesse com ele no céu na eternidade. Eu lhe disse que o Diabo era quem estava fazendo que ela se sentisse derrotada e deprimida, e que Deus podia dar-lhe paz e felicidade, mesmo aqui na terra. Expliquei que o céu era maravilhoso e bonito e então descrevi como o inferno é horrível e atormentador — pior ainda do que o "inferno" que ela estava vivendo naquele momento. Em seguida, disse que, se ela quisesse o perdão de Jesus, ele apagaria tudo aquilo que lhe estava acontecendo.

Ela lamentou:

— Eu estou tão confusa que não sei o que fazer.

Expliquei que ela não era a única a me dizer que estava confusa; que aquilo era um espírito maligno que estava usando a sua mente e a sua voz.

Mais uma vez, falando mansamente, expliquei que o Diabo queria que ela cometesse suicídio para que tivesse eterno controle sobre ela no inferno, deixando-a sem nenhuma oportunidade de se libertar do domínio diabólico.

Novamente, eu a convidei a fazer a escolha simples de ir ao inferno de tormentos ou ter a paz eterna e alegria no céu.

De novo, ela choramingou:

— Simplesmente não posso decidir.

Ela estava sentada numa cadeira, e eu em pé à sua frente. Suavemente, coloquei os meus dedos sob seu queixo e levantei sua cabeça para poder olhar em seus olhos.

O Espírito de Deus me havia ungido com um amor sobrenatural e um desejo de conquistar sua alma do demônio, que estava tentando roubá-la de Deus em sua última tentativa desesperada.

Eu lhe disse:

— Vou ordenar ao espírito que está falando comigo pela sua boca que ele saia, e ele sairá, e então você poderá pensar corretamente para fazer sua escolha por Jesus.

Quase num sussurro, mas com poder e autoridade, eu disse:

— Diabo, eu o amarro em nome de Jesus e, pelo poder do Espírito Santo, ordeno, espírito de suicídio e de amargura, que saia dela.

Não houve nenhum grito, nenhuma voz alta, nenhuma luta, nenhum esforço, nenhum vômito, nenhuma resistência e nenhuma evidência de algo saindo dela; mas, com uma voz suave e expressiva, a ordem que Jesus nos deu foi usada, e o semblante da jovem mudou num instante! A paz veio sobre sua face, a brandura entrou em seus olhos e ela sofreu uma transformação tão poderosa que mal parecia a mesma mulher amarga e controlada pelo demônio que estivera ali sentada momentos antes.

Então eu disse de forma simples e suave:

— Diga: "Jesus, perdoa os meus pecados!".

Ela repetiu essas palavras tão poderosas vindas do coração com "sua" voz, agora controlada por sua própria mente, em vez de pelo demônio.

— Jesus, entra no meu coração e faze de mim a mulher que queres que eu seja. Sê meu Salvador; sê meu Senhor. Eu te amo, Pai, eu te amo, Jesus!

Ela saiu do escritório minutos depois, amando Jesus, amando Deus como seu Pai espiritual, e com uma Bíblia e alguns dos nossos livros na mão.

> Quando se aproximaram de Jesus, viram ali o homem que fora possesso da legião de demônios, assentado, vestido e em perfeito juízo; e ficaram com medo. (Marcos 5.15)

Muito obrigado, Jesus!

Depressão ou opressão é um estado mental, que pode ser influenciado por um demônio. Os demônios podem lidar com os pensamentos humanos e consequentemente têm a capacidade de fazer alguém ter pensamentos impuros. Portanto, eles também podem atacar a mente com pensamentos que causam depressão, geralmente originados de alguma atitude egoísta.

"Quando vocês ficarem irados, não pequem. Apaziguem a sua ira antes que o sol se ponha e não deem lugar ao Diabo" (Efésios 4.26,27). A Bíblia nos diz para superarmos a ira. Isso significa que somos capazes de fazê-lo se estivermos dispostos. Se não estivermos, isso dá lugar à atividade demoníaca e pode levar à possessão pelo controle total da nossa mente e, finalmente, do nosso espírito e da nossa alma. Então não pode haver morada de Cristo em nós.

O homem endemoninhado que tinha a legião que dele foi expulsa voltou depois em pleno juízo. Isso indica que o possesso tinha a mente controlada pelo demônio. (V. Marcos 5.15.)

O que faz uma pessoa seguir Satanás e seus maus caminhos? Como uma pessoa se submete a um Diabo que odeia, quando Deus reserva tanto para nós? Por que alguém consideraria fazer uma escolha deliberada de se submeter a um tormento eterno em vez de contemplar um lar eterno com Deus? "O ladrão vem apenas para roubar, matar e destruir; eu vim para que tenham vida e a tenham plenamente" (João 10.10).

O engano de Satanás é perverter a nossa mente para acreditarmos que seu caminho é melhor. Se aceitarmos suas mentiras, esse é o início do convite da humanidade para que um demônio mate e destrua sua alma, roubando-a de Deus. Ele faz isso principalmente por meio de atitudes ruins, e atitudes ruins não são demônios, mas dão uma base para a atividade demoníaca. Atitudes ruins não precisam ser expelidas como um espírito, mas precisamos vencê-las pelo poder de Deus!

O Diabo mentiu para Eva no jardim do Éden, e ela teve a opção de rejeitar sua tentação ou acreditar em sua mentira. Ela deu lugar ao Diabo, que a roubou de Deus. Satanás ganhou inteligentemente esse ponto de apoio através de sua mente. Plantou ardilosamente pensamentos ou palavras em sua mente, e ela acreditou nele.

Quando estiver ministrando a alguém na libertação de demônios, converse primeiro com essa pessoa e descubra se ela é salva. Pergunte-lhe se ela realmente ama Jesus e se diria: "Jesus é o Senhor da minha vida". Se ela é realmente nascida de novo, poderá dizer isso com sinceridade, mas, se não for capaz de dizê-lo, você precisará lidar com um demônio.

De outro modo, pergunte-lhe sobre as atitudes que estão erradas. Talvez a pessoa só precise reconhecer sua responsabilidade para se livrar de atitudes ruins. "Por isso, eu afirmo que ninguém que fala pelo Espírito de Deus diz: 'Jesus seja amaldiçoado'; e ninguém pode dizer: 'Jesus é Senhor', a não ser pelo Espírito Santo" (1Coríntios 12.3).

Certa mulher procurou Frances certa noite com uma história muito triste. Ela começou dizendo:

— Os melhores oraram por mim; então não sei por que estou vindo a você, mas... Eu tive o demônio da fumaça expulso! Eu tive o demônio do tabaco expulso! Eu tive o demônio da nicotina expulso! Eu tive o demônio do cigarro expulso!

E ela continuou:
— Você tem uma palavra do Senhor para mim?
Frances respondeu:
— Sim!
— Qual é? — ela perguntou.
Frances ponderou:
— Desista!

A mulher, obviamente, ficou chocada. Muitas vezes, culpamos espíritos ou demônios por coisas que são simplesmente erros nossos. Corremos de evangelista a evangelista, de pregador a pregador, de conferência a conferência, pedindo libertação em cada culto, quando o problema é realmente muito simples. Ele está dentro de nós — deixe de pecar! Jogue o cigarro fora, não compre mais e pare de culpar os demônios pelo seu vício!

Se, de todo o seu coração, de toda a sua mente e de toda a sua alma, você quiser ser obediente a tudo o que Deus quer que você faça, nunca haverá desejo de pecar. O desejo de pecar é simplesmente uma forma de expressar a sua descrença de que a maneira de Deus é a melhor. Deus não quer isso. Mas ele se deleita quando você quer fazer o que o agrada!

> Por isso digo: Vivam pelo Espírito, e de modo nenhum satisfarão os desejos da carne. Pois a carne deseja o que é contrário ao Espírito; e o Espírito, o que é contrário à carne. Eles estão em conflito um com o outro, de modo que vocês não fazem o que desejam. Mas, se vocês são guiados pelo Espírito, não estão debaixo da Lei.
>
> Ora, as obras da carne são manifestas: imoralidade sexual, impureza e libertinagem; idolatria e feitiçaria [*isto é, encorajar a atividade de demônios*]; ódio, discórdia, ciúmes, ira, egoísmo, dissensões, facções e inveja; embriaguez, orgias e coisas semelhantes. Eu os advirto, como antes já os adverti: Aqueles que praticam essas coisas não herdarão o Reino de Deus. (Gálatas 5.16-21)

Você notou nessa passagem da Palavra de Deus que essas atitudes vêm à nossa mente porque a nossa natureza antiga quer prevalecer? Esse é o modo mais simples de dizer que o Diabo tem um ponto de apoio na sua mente em seu impulso de afastar a sua alma de Deus.

A maneira de evitar a armadilha do Diabo é demonstrada de maneira simples no restante do capítulo:

Mas o fruto do Espírito é amor, alegria, paz, paciência, amabilidade, bondade, fidelidade, mansidão e domínio próprio. Contra essas coisas não há lei. Os que pertencem a Cristo Jesus crucificaram a carne, com as suas paixões e os seus desejos. Se vivemos pelo Espírito, andemos também pelo Espírito. Não sejamos presunçosos, provocando uns aos outros e tendo inveja uns dos outros (Gálatas 5.22-26).

Quando permitimos que pensamentos contrários à natureza de Deus entrem em nossa mente, esses pensamentos começam a se desenvolver e se tornam parte de nós. Os nossos desejos mais íntimos ou convidam o Espírito Santo, ou a velha natureza de Satanás em nós, a controlarem os nossos pensamentos.

Pare de pensar sobre a natureza negativa, má e velha, e você conseguirá deter a maior parte da atividade demoníaca na sua mente. Os demônios não o possuem imediatamente, mas começam a controlar você pouco a pouco, até que você não mais deseje os caminhos de Deus.

> Portanto, submetam-se a Deus. Resistam ao Diabo, e ele fugirá de vocês. Aproximem-se de Deus, e ele se aproximará de vocês! Pecadores, limpem as mãos, e vocês, que têm a mente dividida, purifiquem o coração. (Tiago 4.7,8)

Quem deve fazer isso? Nós devemos!

Um dia antes de Frances e eu nos casarmos, eu estava dirigindo de uma parte de Houston para outra por causa do meu trabalho como contador público certificado. O sol brilhava forte; eu estava feliz, entoando canções de louvor a Deus; e tudo tornava viver no mundo algo emocionante. Estacionei sob um sol brilhante, saí do carro e me dirigi a uma cantina para almoçar.

A minha vida fora totalmente entregue a Deus; eu gastara mais de mil horas emocionantes meditando na Bíblia nos últimos meses. Tudo era belo e perfeito!

Mas, quando saí do carro, veio sobre mim uma escuridão, uma depressão, e tudo pareceu errado — parecia que todo o amor me havia deixado, toda a alegria e paz tinham ido embora e todo o meu mundo tinha desmoronado.

Eu não sabia o que tinha acontecido. Foi tão repentino, e a minha mente tentou no relance de um segundo saber o que havia acontecido.

Mas, porque a minha mente tinha sido saturada com a Palavra de Deus e era controlada pelo Espírito Santo, e porque o meu desejo era agradar a Deus, não a mim mesmo, um texto veio à minha mente.

Eu disse: "Deus, se isso é o Diabo, tira-o daqui e fica perto de mim!".

Instantaneamente, como um relâmpago, todas as trevas, a depressão e o vazio me deixaram como um vento. O espírito maligno que tinha atacado a minha mente de maneira tão perversa pôde realmente ser sentido como um vento que, por um instante, se retirou de mim lentamente, e então acelerou a uma tremenda velocidade e desapareceu no espaço.

Satanás tinha enviado um demônio atrás de mim para tentar entrar no meu espírito, me controlar e me roubar do Deus que eu tanto amo. Mas

> A palavra de Deus é viva e eficaz, e mais afiada que qualquer espada de dois gumes; ela penetra até o ponto de dividir alma e espírito, juntas e medulas, e julga os pensamentos e as intenções do coração (Hebreus 4.12).

A maior arma contra os demônios é a Palavra de Deus. Essa é uma razão pela qual devemos meditar dia e noite em sua

Palavra e pensar nele e no que o agradará em vez pensar no que podemos obter para nós mesmos.

> Pois, embora vivamos como homens, não lutamos segundo os padrões humanos. As armas com as quais lutamos não são humanas; ao contrário, são poderosas em Deus para destruir fortalezas. Destruímos argumentos e toda pretensão que se levanta contra o conhecimento de Deus e levamos cativo todo pensamento, para torná-lo obediente a Cristo. (2Coríntios 10.3-5)

A primeira vez que o demônio atacar os seus pensamentos é o momento de se livrar dele! Não deixe que ele tome uma posição na sua mente. Adotar medidas preventivas é melhor do que tomar remédio para a cura. A Palavra de Deus é a imunização necessária para nos proteger da influência, do controle ou da possessão demoníaca. Precisamos ter a natureza de Deus implantada em nós como uma vacina contra a infecção que o Diabo deseja pôr nos nossos pensamentos e desejos mais íntimos.

Os demônios são invisíveis, criaturas incorpóreas que têm a capacidade de se mover para onde Satanás as mandar, e podem pairar sobre nós, cercar-nos, atacar-nos, colocar pensamentos na nossa mente e desejos no nosso corpo, ou até mesmo nos fazer perder a memória e nos tornar dementes.

Eles podem estar presentes no nosso nascimento, ou quando somos formados no útero da nossa mãe, e causar defeitos na nossa formação. Como espíritos que vivem para sempre, eles podem se transformar de uma geração para outra e, assim, causar doenças ou deficiências que podem surgir na forma de genes ou deformações.

Eles vêm contra a nossa carne para tentar controlar a nossa alma. Devemos usar todo o entendimento que pudermos obter ao permitir que o Espírito Santo nos ensine como nos livrar deles, seja qual for a forma pela qual nos atacarem.

O seu trabalho e o nosso é libertar os nossos semelhantes da influência e do controle de Satanás e seus ajudantes demoníacos e, depois, ensiná-los a permanecer livres! "Curem os enfermos, ressuscitem os mortos, purifiquem os leprosos, expulsem os demônios. Vocês receberam de graça; deem também de graça" (Mateus 10.8).

Acredito que Deus está preparando um grupo de pessoas para sair em grande poder. Por quê? O coração de Deus está clamando porque ele sabe que as pessoas precisam ser curadas e libertas!

Deus está dizendo a seu povo: "Quero um grupo de crentes que esteja disposto a sair, ciente de que não está lutando contra seres humanos, mas contra os principados e potestades. Eles vão sair em nome de Jesus e imporão as mãos nos doentes com resultados para mim! E obterão a vitória!".

Você sabe que há pessoas clamando por todo o mundo: "Alguém me ensine o evangelho! Alguém me ensine a ser curado!"? Por isso é tão fácil curar os doentes quando você vai a um país estrangeiro. Glória a Deus, eles estão dispostos a crer!

Eles amam curar os doentes! Um amigo nosso acabou de voltar do Haiti, onde, segundo ele, muitos dos pastores nem sequer possuem uma Bíblia porque não sabem ler. Mas se você lhes citar um texto como "imporão as mãos sobre os doentes, e estes ficarão curados" (Marcos 16.18) ou "Estes sinais acompanharão os que crerem: em meu nome expulsarão demônios [...]" (Marcos 16.17), eles sairão às pressas! Eles tomam um texto como esses, impõem as mãos nos enfermos, e grandes curas acontecem! Uma vez que ouvem a Palavra, eles a assimilam espiritualmente e nunca tentam refutá-la; apenas tentam agir sobre o que ouviram!

Mal posso esperar até que os leitores ponham em prática esses princípios e então as cartas comecem a chegar, dizendo: "Estive neste ou naquele país estrangeiro, e as pessoas foram curadas!".

Você pode pensar que não é uma realidade, mas, com o meu coração e a minha alma, acredito que é! Acredito que Deus levará as pessoas a lugares com os quais elas nunca sonharam na vida e começará a usá-las para curar os doentes! Isso inclui você!

Capítulo 16

O dom da fé

Frances

Certa manhã, enquanto nos preparávamos para ensinar sobre diferentes maneiras de curar os doentes, o Senhor falou comigo algo que, acredito, pode mudar divinamente a sua vida e o seu ministério relacionado à cura.

Todos nós podemos ter o poder de curar os doentes? Sim, a Palavra diz que a capacidade de curar está dentro de cada crente! (V. Marcos 16.18.)

Mas talvez você diga: "Não tenho o dom de curar porque não me foi dado pelo Espírito Santo, e ele dá os dons como quer!".

Deus falou comigo: "O Espírito Santo concede dons como ele quer, e ele os dá a 'quem quiser!' ". Ele não dará um dom se você não for usá-lo! Ele não deixará o dom da fé descer sobre você se você for um covarde espiritual e não fizer o que ele diz para fazer. Ele não dará o dom da fé para dizer a alguém que se levante de uma cadeira de rodas se a sua resposta for: "Deus, o Senhor deve estar brincando, porque posso ficar envergonhado se não funcionar!".

O dom da fé é um dos presentes mais emocionantes que nos é oferecido pelo Espírito Santo. Não é um dom que está presente em todos os momentos, mas ele faz você se erguer sobre barreiras sobrenaturais sem nenhuma dúvida e realizar um milagre! O dom da fé fará de você uma pessoa de tão grande valor que, quando tudo acabar, você não acreditará que foi você quem fez!

O dom da fé transforma você durante um período de tempo numa pessoa sobrenatural. A história emocionante do capítulo 3 de Atos destaca isso quando Pedro diz: "Não tenho prata nem ouro, mas o que tenho, isto lhe dou. Em nome de Jesus Cristo, o Nazareno, ande" (v. 6). O dom da fé havia descido sobre Pedro, e ele se tornou uma pessoa sobrenatural, porque a Palavra diz: "Segurando-o pela mão direita, ajudou-o a levantar-se, e imediatamente os pés e os tornozelos do homem ficaram firmes" (v. 7). O dom da fé foi derramado sobre Pedro e agiu sobre ele, porque ele foi um dos que "quis"!

O dom da fé é algo que você sentirá imediatamente quando ele vier! Por um breve momento, o Diabo irá desferir seu último golpe, e pode haver um lampejo de dúvida na sua mente, mas dê um passo de fé e torne-se uma pessoa sobrenatural!

Não fomos criados no movimento pentecostal; por isso, até recebermos o batismo com o Espírito Santo, tínhamos visto apenas algumas curas. Depois do batismo, as curas começaram a aumentar, até que, de repente, Deus nos deixou no ministério dos milagres em El Paso, Texas, e, como resultado, escrevemos o livro *Since Jesus Passed By* [Desde que Jesus passou]. Um dia em Louisville, Kentucky, um casal católico estava lendo o livro. Eles mal podiam acreditar que Deus ainda fazia coisas sobrenaturais hoje. Mas eles tinham um filho com paralisia cerebral, que nunca havia andado sem braçadeira e muletas em toda a sua vida. Ele nunca engatinhou porque não tinha coordenação motora. Quanto mais os dois liam, mais sua fé começava a aumentar! Seu filho de 5 anos de idade poderia ser curado no século XX?

Eles se lembraram de que tinham visto um anúncio em um jornal de que estávamos realizando um culto de milagres em Louisville no Tabernáculo Evangélico. A animação encheu o ar enquanto faziam planos para comparecer. Eles moravam numa fazenda, por isso se levantaram às 3 da manhã e ordenharam as vacas. Todos se vestiram às pressas, entraram no carro e dirigiram por mais de 190 quilômetros por uma estrada lenta para chegarem à igreja por volta das 8 horas da manhã, porque não queriam perder o culto, independentemente da hora que fosse começar.

Tudo o que eles falaram durante o trajeto para Louisville foi sobre a cura de Jeffie! Nenhuma declaração negativa! Somente conversa positiva! Jeffie seria curado!

Eles ficaram desapontados quando chegaram porque descobriram que o culto de milagres estava agendado para aquela noite, e eles não podiam ficar porque as vacas tinham de ser ordenhadas novamente; no entanto, prometemos que iríamos orar por Jeffie em algum momento durante o culto da manhã.

Nós olhamos para aquele pequeno corpo aleijado e não tivemos muita fé. Havia, naquela manhã, um grupo pequeno de pessoas, sem muitos crentes para ajudar a aumentar a nossa fé. Mas, de repente, o poder curador de Deus começou a fluir como um rio, e Deus fez cair o dom sobrenatural da fé sobre nós dois, sobre os pais de Jeffie e também sobre o menininho.

Eu corri para o auditório, peguei Jeffie e disse aos seus pais que fossem à frente. Segurei Jeffie no colo e lhe fiz uma pergunta importante:

— Você acredita que Deus o pode curar?

Jeffie olhou para mim como se eu tivesse perdido o juízo porque, em todo o trajeto para Louisville, seus pais haviam dito que ele iria ser curado, e ali estava eu, perguntando se ele pensava se Deus poderia curá-lo!

Ele respondeu:

— Ah, sim, ele irá me curar hoje!

Nenhuma hesitação, nenhuma incerteza, nenhuma pergunta, nada; apenas fé completa sem nenhuma dúvida! O dom da fé estava nos agitando. Impusemos as mãos em Jeffie, e então Charles virou-se para os pais do menino e lhes perguntou se eles queriam tirar as braçadeiras do filho. No mesmo momento em que disseram "Sim", ambos caíram sob o poder; então Charles livrou Jeffie das braçadeiras.

Charles tirou Jeffie do meu colo, colocou-o numa posição ereta e, sem nenhuma hesitação, disse:

— Jeffie, em nome de Jesus, corra!

Ele não lhe disse para andar; disse para correr! E havia três degraus da plataforma até o chão.

Jeffie nem hesitou; saltou os três degraus e começou a correr! Ele nunca duvidou de que podia correr! Nunca duvidou de que estava curado! Apenas correu o mais rápido que pôde — não tão bem, nos primeiros 6 a 9 metros, mas aos poucos aumentou a velocidade e a habilidade! Naqueles primeiros passos, seus quadris estavam tortos, e seu andar, instável, mas não demorou muito e ele chegou à parte de trás e se virou. Eu disse:

— Volte aqui correndo, Jeffie.

Ele, então, saiu correndo em direção ao púlpito o mais rápido que pôde. Desci para o nível do chão com os braços estendidos e, quando ele estava a cerca de 2 metros de distância, deu um pulo, subiu direto em mim como se eu fosse uma escada, e envolveu suas pequenas pernas em torno da minha cintura!

Essa foi a criança que nunca havia andado sem braçadeiras em toda a sua vida! O dom da fé não foi apenas dado, mas também recebido por todos!

Almoçamos com Jeffie e seus pais, e eles nos deram as braçadeiras do filho porque sabiam que ele jamais iria precisar delas. Eles ainda ficaram sentados no *hall* da nossa casa, como um belo e moderno testemunho do poder de Deus! Jeffie foi fazer compras só de meias e conseguiu seu primeiro par de calçados (Hush Puppies), algo que ele desejou a vida toda!

Quando estivemos com Jeffie um ano depois, ele havia ganhado mais de 11 quilos. Em um ano, a numeração de seus sapatos tinha pulado do tamanho infantil número 27 para o tamanho adulto 34, e entrou no quadro de honra da escola.

Deus o curou completamente — mente, corpo e espírito!

O que teria acontecido se não tivéssemos exercido o dom da fé? Acredito que Jeffie não teria sido curado! Acredito que, se Charles se sentasse e dissesse: "Eu não posso pedir a esse menino para andar, porque ele nunca andou sem braçadeiras", Jeffie ainda estaria com as braçadeiras hoje.

O dom da fé é algo que simplesmente brota dentro de você. Sempre que isso acontecer, você deve sair como um tigre selvagem e fazer o que Deus diz. Algumas das nossas maiores curas vieram através do dom da fé, e coisas semelhantes podem acontecer com você!

Estávamos em Calloway Gardens, Geórgia, numa convenção da Associação dos Homens de Negócios do Evangelho Pleno. Quando entramos na sala, o dr. Doug Fowler, um cirurgião de Jacksonville, Flórida, fazia uma profecia que terminou mais ou menos assim:

— Esta noite farei milagres criativos! Colocarei em corpos partes que ainda não estão lá! Assim diz o Senhor!

Aleluia, ficamos animados! Ficamos mais do que normalmente animados porque era uma profecia incomum, vinda de um médico que sabe o que é necessário para um milagre criativo, porque os médicos sabem que milagres criativos não acontecem em mesas de cirurgia nas quais eles tiram coisas, mas é difícil fazer que coisas passem a existir onde nunca existiram.

A primeira coisa que aconteceu naquela noite foi fazer braços curtos crescerem para demonstrar o Espírito de poder.

(V. 1Coríntios 2.4.) Os assistentes trouxeram um homem que tinha um braço provavelmente 20 centímetros mais curto do que o outro. Perguntamos o que havia causado aquilo, e ele explicou:

— Quando eu tinha cerca de 12 anos de idade, o meu braço foi quase cortado no ombro. Foi reimplantado, mas nunca mais cresceu depois disso!

Nós dois sentimos algo explodir no nosso interior! Ambos havíamos ouvido a profecia a respeito de novos membros, e ambos queríamos ministrar ao homem instantaneamente, porque nós dois recebemos o dom da fé simultaneamente! É eletrizante quando duas pessoas o recebem ao mesmo tempo!

Lá estava aquele homem com um braço de 40 anos e outro de 12 anos. Charles levantou os dois braços e, com três médicos em pé atrás de nós e diante de cerca de 1.300 pessoas, ordenou a músculos, tecidos, veias, medula, ligamentos, pele, ossos e outras partes que se encaixassem e que o braço crescesse, crescesse, crescesse!

Não houve nenhuma dúvida ou descrença em nenhum de nós! O braço respondeu à ordem dada pelo dom da fé e começou a crescer, crescer, crescer!

Aqueles três médicos começaram a chorar descontroladamente por saberem da impossibilidade de ver o que estavam realmente vendo! Em aproximadamente quinze segundos, Deus havia colocado partes novas naquele braço. Deus havia feito novamente!

O que aconteceu em consequência disso?

Uma mulher ficou tão animada que pulou de sua cadeira de rodas! Ela se esqueceu de que não podia andar. O dom da fé a tinha inflamado!

Outra mulher foi curada de surdez nervosa porque o dom da fé se espalhou pelo auditório!

O braço cresceu ao pleno tamanho e comprimento, mas a mão ainda era a mão de um menino de 12 anos! Isso não nos perturbou nem um pouco. Ainda estávamos operando sob a unção e o poder sobrenatural do dom da fé e, quando ordenamos à mão que crescesse até o tamanho normal, aquela mão de 12 anos se desdobrou como uma rosa e ficou do tamanho da mão de um homem de 40 anos.

Por quê? Porque o dom da fé veio soberanamente naquela noite! E duas pessoas comuns tornaram-se pessoas sobrenaturais de Deus! E você também pode tornar-se!

Charles

Deus fala a seu povo de maneiras diferentes. Às vezes, quando ele fala, é de uma forma aparentemente tão comum, de uma maneira tão humana que dificilmente sabemos que é Deus falando. Todos, em um momento ou outro, perguntam se é Deus falando ou apenas se trata de pensamento humano. O dom da fé opera de forma diferente! Ele vem pelo falar de Deus ou pela revelação do conhecimento! Isso pode ocorrer quando você está orando em favor dos enfermos, seja uma pessoa, seja uma centena delas, e, de repente, você "sabe" que a cura irá acontecer.

No caso de Jeffie, é difícil dizer como Deus falou, porque éramos muito novos na operação dos dons do Espírito. Houve um momento repentino em que tivemos a segurança positiva no nosso coração de que devíamos livrar o menino das braçadeiras. Retirar as braçadeiras sem ouvir positivamente a Deus é algo perigoso; deve ser feito somente quanto você tem essa "fé garantida". A presunção pode causar dano — a fé pode curar!

Há momentos em que o dom da fé e a palavra de conhecimento operarão em conjunto, embora nem sempre o façam dessa forma. Quando Deus dá uma palavra de conhecimento, que ocorre através de uma palavra ou de uma sensação no corpo, pode-se confiar 100%; entretanto, isso é diferente de operar e receber o dom da fé. Quando você está operando completamente no Espírito, pode confiar tanto no dom do conhecimento como no dom da fé; no entanto, o dom da fé que acompanha uma palavra de conhecimento produz uma carga eletrizante de onda de fé indubitável pelo seu espírito — nada que você pode sentir, mas um conhecimento íntimo do que está acontecendo!

Há vários anos, enquanto ministrávamos em El Paso, Texas, Deus falou a nós dois exatamente no mesmo momento, dizendo que deveríamos realizar um culto de milagres na noite da terça-feira seguinte. Nunca havíamos realizado um culto de milagres em toda a nossa vida! Havíamos recebido o batismo do Espírito Santo um pouco antes disso, mas sabíamos que fora Deus quem havia falado. Corajosamente, anunciamos que Deus havia falado ao nosso coração porque o dom da fé tinha descido sobre nós e sabíamos que podíamos depender de Deus para fazer milagres. Não houve dúvida, nenhuma hesitação, nenhuma recusa, nenhum questionamento, nada — apenas intrepidez para proclamar o que Deus iria fazer.

O dom da fé não opera o tempo todo e não é algo pelo qual você pode "orar". É algo que Deus soberanamente dá quando quer, num momento específico e com um propósito específico. Devemos estar sempre sensíveis ao Espírito de Deus, para não deixarmos passar algumas das coisas maravilhosas do sobrenatural que Deus tem para nós. Esse dom não opera apenas para curas, mas também para muitas outras áreas da nossa vida. O dom da fé nos dá intrepidez e confiança incomuns na área da cura. O dom da fé estava em operação quando casamos sem nos conhecermos um ao outro; tudo o que sabíamos era que Deus disse para nos casarmos!

Pedro operou no dom da fé ao andar sobre as águas. Jesus operou no dom da fé quando transformou água em vinho; operou também no dom de milagres simultaneamente.

Houve momentos em que o dom da fé veio sobre pessoas pelas quais oramos, mas não sobre nós. Isso é tão válido como se tivesse vindo sobre nós, e ficamos tão surpresos com a reação e o comportamento dos outros como eles ficam surpresos conosco! Certa noite, em Minneapolis, uma senhora foi à frente em busca de cura para uma fratura dupla. Ela havia quebrado a perna uma semana antes do culto; o médico a engessara e dissera que seriam necessárias seis semanas para retirar o gesso. Nós lhe ministramos na fila da oração simplesmente impondo as mãos no gesso e ordenando que a perna fosse curada.

O dom da fé desceu soberanamente sobre ela! Ela estava tão certa de que Deus a havia curado que, ao voltar para casa naquela noite, encharcou a atadura na banheira! Na noite seguinte, ela voltou para dar testemunho, e que testemunho ela deu — não em palavras, mas em ação! Ela deu pulos o mais alto que pôde para provar que estava totalmente curada!

Nós não operamos no dom da fé. Ela operou!

No dia seguinte, estávamos em Denver e, antes do culto, uma menina de cerca de 13 anos subiu, de muletas, até a mesa de livros. De repente, o dom da fé começou a operar, porque, quando a vimos, lembrei-me do que tinha acontecido apenas uma noite antes e percebi que ela seria curada! Não sei como eu soube, mas soube! Eu a questionei para ver se ela queria ser curada antes ou depois do culto. No começo, ela disse que esperaria até depois do culto, mas em seguida corrigiu:

— Não, eu quero ser curada antes do culto!

Simplesmente deslizei as mãos sobre o pé e o tornozelo dela e disse:

— Em nome de Jesus, ossos, ordeno que sejam curados.

Observe que falei diretamente aos ossos. O meu espírito estava saltando por causa do dom da fé, por isso eu me dirigi à garota:

— Teste para ver o que Deus fez!

Ela firmou o pé, suave e cautelosamente, e uma expressão de surpresa iluminou seu rosto! Ela pressionou um pouco mais, depois um pouco mais, e logo começou a chorar de alegria! A menina subiu ao palco diante de toda a igreja naquela manhã, e novamente naquela noite, para dançar diante do Senhor e contar seu poderoso ato! Fiquei surpreso? Não, porque o dom da fé estava em operação; portanto, eu poderia dizer-lhe para agir sem um momento de dúvida! Mas vou dizer uma coisa: ficamos emocionados e animados toda vez que Deus faz um milagre!

Na mesma linha, eu falava no nosso culto religioso do Centro Cristão Cidade da Luz, quando a unção de Deus veio sobre mim fortemente num poder cada vez maior. Frances recebeu o dom da fé e correu para a frente. Ela disse:

— Charles, diga a qualquer um que precisar de cura que venha à frente agora mesmo!

No meu espírito, eu soube que qualquer um que eu tocasse seria curado. A primeira pessoa foi uma mulher que havia chegado da Califórnia com um grave problema no joelho cujos médicos não haviam conseguido diagnosticar. Ela estava desanimada porque parecia que nada podia ser feito. Eu estava tão cheio do dom da fé que apenas toquei seu joelho, e ela jogou as muletas o mais alto que pôde e começou a correr — sem dor!

Em seguida, corri até uma garota de 12 anos que havia fraturado o pé e o tornozelo um dia antes. Antes do culto, sua mãe nos havia dito que ela não podia suportar sequer a menor pressão sobre o pé sem chorar. Mesmo com analgésicos, ela sofria um desconforto terrível. A menina também estava de muletas, mas, quando eu simplesmente toquei seu pé e disse: "Seja curada em nome de Jesus", soube que ela estava curada! Por quê? Porque o dom da fé desceu sobre nós depois de termos pregado a Palavra às pessoas!

A garotinha hesitou em pôr o pé no chão, mas, por fim, tocou cuidadosamente o carpete. Um olhar de surpresa iluminou sua face! Depois, ela pressionou um pouco mais, um pouco mais e mais um pouco, até finalmente dizer:

— Mamãe, não dói mais!

A mãe rapidamente tirou a "metade" do gesso, e a garotinha disparou a correr. Ela correu em torno de toda a cúpula redonda, e naquela noite voltou usando tênis, brincando normalmente como qualquer outra criança.

Aquela mãe nos procurou no culto da noite porque, ao chegar em casa, seu marido ficou perturbado com a coisa toda e disse:

— Esses pentecostais apenas sugestionaram você. Você não foi realmente curada!

Como resultado, o pai insistia que a garota voltasse ao médico para conferir, e a mãe não soube o que fazer.

Ela nos perguntou:

— Será uma demonstração de falta de fé se retornarmos ao médico?

— Ele não acredita em você, não acredita em mim, mas vai acreditar no médico; por isso, vá em frente, porque a cura de Deus resistirá ao teste — Frances disse.

Na manhã seguinte, a mãe levou a garota ao médico. A menina estava tão entusiasmada que até deixou escapar:

— Doutor, Jesus curou o meu tornozelo ontem na igreja!

O médico ponderou:

— Vamos ver isso.

Ele fez a radiografia e, depois de examiná-la, disse:

— Você está bem porque recebeu um milagre!

Mais tarde, ouviu-se o marido não salvo dizer à irmã:

— Você sabe o que aconteceu ontem? Deus curou o pé da nossa garotinha enquanto ela estava na igreja!

Jesus cura para que as pessoas creiam que ele é o Filho de Deus, o único caminho para a vida eterna. Glória! Esteja consciente do dom da fé o tempo todo, para que, quando a glória começar a descer, você esteja lá!

Um dia o dom da fé veio sobre Pedro e João quando eles subiram ao templo. O homem que provavelmente tinha pedido esmolas a Jesus estava lá, e teria sido fácil para eles pensarem: "Jesus não curou este homem? Então por que deveríamos tentar?". Mas eles não pensaram assim!

Por quê? Porque o dom da fé veio sobre eles e, sem nenhuma dúvida, "Pedro e João olharam bem para ele e, então, Pedro disse: 'Olhe para nós!' " (Atos 3.4). Então Pedro disse: "Não tenho prata nem ouro, mas o que tenho, isto lhe dou. Em nome de Jesus Cristo, o Nazareno, ande" (v. 6).

Essa é uma ilustração de como o dom da fé opera. A mesma coisa pode acontecer com você, por isso esteja alerta! Você nem sequer precisa estar num culto para que o dom da fé se manifeste. Certo dia, durante a hora do almoço, três de nós permanecemos no auditório onde havíamos realizado uma reunião. Levantamos o olhar e vimos um casal entrar, empurrando uma menina numa pequena cadeira de rodas. O dom da fé veio sobre nós dois ao mesmo tempo!

Fomos diretamente até eles e perguntamos qual era o problema. Eles nos disseram que a menina tinha sido atacada por uma doença que tornou seus músculos inúteis. Ela já não conseguia mover as pernas, e os efeitos estavam começando a se espalhar pelos braços. Uma amiga tinha vindo ao nosso culto na noite anterior e viu Jesus curar os doentes. Ela convidara o casal, dizendo:

— Vocês têm de levar Belinda! Ela será curada — sei que será!

A fé do casal foi inflamada e ele repentinamente creu que, se pudesse vencer os 64 quilômetros até o culto, sua garotinha poderia ser curada!

O dom da fé

— Crê que Deus irá curar você? — perguntamos à criança. Sem nenhuma dúvida, ela respondeu instantaneamente:
— Eu tenho fé em Deus!
— Então, em nome de Jesus, levante-se e ande! — dissemos.

Ela se levantou da cadeira de rodas como o disparo de um foguete — e depois caiu de bruços no chão! A nossa fé caiu junto com ela? Não! Por quê? Porque Deus fizera descer sobre nós o dom da fé!

Nós a pegamos do chão e a colocamos de pé, dizendo novamente:
— Agora, ande, em nome de Jesus!

Ela deu um passo e não caiu! Deu outro passo e não caiu! Logo ela estava andando por toda parte, e seus pais levaram a cadeira de rodas para o carro, para nunca mais ser usada. Naquela tarde, ela dançou para Jesus no palco do auditório!

Há uma interessante nota a ser acrescentada a essa cura. Cinco anos antes, a esposa do dono de uma livraria cristã em Albuquerque viera a uma reunião com a mesma doença incurável que a pequena Belinda tinha. Essa mulher estava de muletas, com as pernas bambas, como se nelas não houvesse ossos. Pareciam pernas de borracha de uma boneca.

Bobbie foi à primeira reunião e sentou-se bem no meio da fileira da frente. Ao entrar, ela disse:
— Creio que, quando você orar por mim, serei curada!

Enquanto estávamos fazendo os preparativos para a reunião, ela continuava dizendo, animada:
— Hoje é a minha noite de cura!

Bobbie subiu de muletas e, quando oramos, ela caiu sob o poder. Ela disse que Frances jogou as muletas para o outro lado da sala e disse:
— Você não precisará mais delas novamente!

Tudo o que conseguimos lembrar é que ela pareceu muito comovente no chão, lutando para se levantar com aquelas pernas de borracha. Finalmente, conseguiu e, embora estivesse andando, não parecia estar curada. Mas nós não olhamos com olhos naturais, mas com olhos da fé.

Ela viera à reunião para nos falar de sua cura, jamais esperando que ali houvesse uma garota com a mesma doença. Então ela disse:

— A única coisa que não consegui fazer foi dançar.

— Vamos, dance agora mesmo! — Charles disse.

Ela e Charles, então, dançaram perante o Senhor enquanto todos nós louvamos e adoramos a Deus por aquela cura.

Muitas pessoas se perguntam se as curas de Deus subsistem. Claro, elas subsistem! Bobbie anda perfeitamente até hoje!

Há momentos em que é preciso curar sem o dom da fé, mas, quando esses momentos lindos e santos chegam, e Deus literalmente despeja o dom da fé sobre você, saia sem dúvida e aja rapidamente com plena confiança!

Quando o dom da fé é plenamente dado, você sai da dimensão das limitações humanas e entra na dimensão do Deus Todo-poderoso!

"Pois nada é impossível para Deus" (Lucas 1.37).

"Nada será impossível para vocês" (Mateus 17.20).

Capítulo 17

Milagres criativos

Charles

Deus faz milagres criativos! Ele faz coisas físicas de coisas que não existem. Ele disse: "Haja luz" (Gênesis 1.3), e a luz passou a existir. "Assim Deus criou os grandes animais aquáticos e os demais seres vivos que povoam as águas, de acordo com as suas espécies" (Gênesis 1.21).

Deus se estendeu, com todos os seus poderes, em direção a nós através de Jesus. Portanto, seu próprio poder através de nós pode criar novas partes do corpo no lugar daquelas que se tornaram defeituosas. Quando você compra um carro ou um equipamento, precisa considerar a disponibilidade de novas peças quando as antigas se desgastarem. Deus nos ama e cuida de nós muito mais do que um fabricante cuida de automóveis; então ele fornece um meio para substituir partes defeituosas ou desgastadas em nosso corpo.

Você também pode chamar à existência coisas que não existem usando o poder de Deus em nome de Jesus!

A Bíblia nos diz que Deus "dá vida aos mortos e chama à existência coisas que não existem, como se existissem" (Romanos 4.17).

De acordo com a *Bíblia Viva*, o mesmo texto diz: "Deus aceitará toda e qualquer nação e povo que confie nele, tal como Abraão. E esta promessa é do próprio Deus, que dá vida aos mortos, e fala de acontecimentos futuros com tanta convicção como se eles já pertencessem ao passado!".

Logo depois de Frances e eu recebermos o batismo com o Espírito Santo, eu estava lendo a *The Living Bible [A Bíblia Viva]* e o Espírito Santo tornou o texto vivo para mim!

> Então Jesus voltou para o Mar da Galileia, subiu para uma montanha e sentou-se ali. E uma enorme multidão trouxe-lhe seus coxos, cegos, aleijados, aqueles que não podiam falar, e muitos outros, e os colocou diante de Jesus, e ele os curou a todos. Que espetáculo era aquilo! Aqueles que antes não tinham sido capazes de dizer uma palavra, estavam falando com facilidade, e os defeituosos estavam perfeitos; os paralíticos andavam e saltavam, e aqueles que tinham sido cegos enxergavam! As multidões admiravam e louvavam ao Deus de Israel. (Mateus 15.29-31)

Fui para o meu escritório depois de ler essa história e não conseguia mais tirá-la da minha mente. Liguei para Frances e disse:

— Deus fará milagres criativos em nosso ministério; ele fará crescer membros que não existem! Nós veremos pernas de verdade crescerem onde agora existem pernas de madeira!

A minha fé se inflamou quando conversamos sobre termos a experiência real de coisas fenomenais como essas!

Cerca de um ou dois meses depois, estávamos numa igreja na Flórida que não era cheia do Espírito quando o pastor disse que teríamos de concluir o culto por volta das 9 horas da noite porque os membros de sua igreja iriam embora se demorássemos demais.

Deus começou a mostrar seu poder incrível e, por volta das 11 horas da noite, a glória de Deus desceu sobre um menino de 14 anos. Nós lhe dissemos:

— O que você gostaria que Jesus fizesse por você?

Ele estendeu a mão e nos mostrou que estava faltando um polegar — que tinha sido cortado na articulação de trás — e disse que queria que Deus lhe desse um novo polegar.

Aleluia, nunca tínhamos ficado tão animados! Havíamos acabado de descobrir aquele texto, e Deus nos estava dando uma oportunidade de pô-lo em prática — de chamar à existência o que não existia!

A essa altura, o público estava extremamente animado enquanto observava os espetaculares milagres que Deus fazia, um atrás do outro. Eles não estavam mais sentados, não estavam apenas de pé nos bancos, mas alguns estavam de pé no encosto dos bancos ou apoiando-se nos que estavam nos bancos! Nem sequer sabíamos o que era o dom da fé, mas sabíamos o que Deus nos dissera sobre o crescimento de novos membros!

O menino estendeu as duas mãos para que pudéssemos ver a diferença, e começamos a ordenar ao polegar que crescesse, em nome de Jesus! Estávamos quase gritando: "Cresça! Cresça! Cresça!".

De repente, o polegar começou a crescer! Podia-se ver a ponta dele movendo-se lentamente junto ao polegar da outra mão.

As pessoas gritavam, e nós também, porque Deus estava reencenando seu primeiro milagre terreno da criação!

Em questão de alguns instantes, talvez um minuto, o polegar estava completo, exatamente como o outro são. Ele tinha articulações normais e um espaço para unha, mas não havia unha.

Na expectativa, dissemos:

— Vamos pedir a Deus uma unha.

Aleluia! Por que não? Deus é bom no negócio criativo de reconstituir órgãos.

Com certa de 75 pessoas olhando, ordenamos corajosamente que a unha crescesse, em nome de Jesus! E ela cresceu! Nós a observamos crescer lentamente, mas ficamos realmente surpresos quando ela continuou crescendo além do fim do polegar! Na extremidade do dedo, a unha se curvou para trás e para baixo do polegar, como uma garra! Em torno da unha havia um brilho azul suave. Comentamos animadamente a maneira incomum com que a unha havia se formado ao olharmos para ela atentamente durante vários minutos.

A boa notícia viaja rápido e, na manhã seguinte, muitos estavam esperando que o menino chegasse à igreja, animados para verem o que Deus havia feito. O novo polegar estava perfeito! Mas não havia evidência da unha do polegar — apenas seu lugar. Não podíamos compreender o que havia acontecido, porque muitos de nós realmente a tínhamos visto ali.

Enquanto pensávamos a respeito, lembramo-nos de visões de Deus nas quais um brilho azul havia cercado a pessoa ou objeto, de modo visível no espírito, mas não presente fisicamente. Podemos apenas presumir que aquela fora uma visão de Deus, na qual ele permitiu que cerca de 75 pessoas vissem a mesma coisa — no espírito!

Logo depois disso, certa noite o nosso neto trouxe um menino para a nossa casa. O menino tinha um pé cerca de 3 centímetros mais curto do que o outro. Ordenamos que o pé crescesse, mas não vimos nenhuma evidência de mudança. Entretanto, na manhã seguinte, o menino veio correndo, dizendo que os dois pés agora tinham o mesmo comprimento e tamanho! A perna que era aproximadamente a metade do tamanho normal havia se completado durante a noite até se tornar também uma perna normal!

Vários anos atrás, em Wisconsin, uma garota de 13 anos veio a um culto esperando um grande milagre. Ela fora a um ortodontista por causa de seus dentes tortos, sobrepostos e salientes. Os dentes estavam cobertos de tártaro, e suas gengivas eram moles e sangravam. O valor do serviço de correção era alto demais, e a família não tinha recursos para realizá-lo.

Enquanto estávamos adorando e louvando Jesus com cânticos, a pequena garota virou-se para a mãe e disse:

— Os meus dentes estão se mexendo!

A mãe ficou tão animada que nem sequer parou para olhar. Disse apenas:

— Suba até lá o mais depressa que puder!

A garota correu até a frente, mas a glória de Deus estava sobre ela de forma tão intensa que ela caiu sob o poder de Deus e ficou prostrada durante cerca de trinta minutos.

Quando ela se levantou, seus dentes estavam tão perfeitos que Frances disse que pareciam uma espiga de milho, com fileiras perfeitamente alinhadas! Para mim, pareceu que Deus havia criado um conjunto completo de dentes de pérolas celestiais! Eles estavam perfeitamente perfilados, e as gengivas estavam bonitas e saudáveis! Mal podíamos acreditar no que estávamos vendo!

Perguntamos se havia um dentista presente, e um jovem que havia dirigido durante quatro horas para estar ali correu até nós. Ao examinar a boca da menina, disse:

— Nunca vi um conjunto de dentes tão perfeitos e lindos na minha vida!

Deus havia feito outro milagre criativo e, assim como diz Gênesis 1.25, depois de ter criado as feras e o gado e outros seres rastejantes segundo sua espécie, "Deus viu que ficou bom" (v. 9).

O dom da palavra de conhecimento é sempre emocionante, mas especialmente quando usado em combinação com um milagre criativo! Certa noite, durante um culto de milagre, as minhas gengivas e o meu rosto pareciam como se eu tivesse ido a um dentista e recebido uma dose de Novocaína para aliviar a dor. Reconheci isso como um sinal de que Deus estava curando alguém com um problema dental. Quando anunciei isso ao auditório, cinco pessoas foram à frente. Deus preencheu as cavidades dos dentes de duas delas, curou duas com abscessos, e a quinta disse que fora naquele dia ao dentista, que lhe aplicara anestesia com Novocaína, obturara dois de seus dentes e preparara outros três para mais trabalho no dia seguinte! Deus preencheu os outros três dentes perfeitamente, e a sensação de amortecimento deixou seu rosto! Glória a Deus que faz o impossível hoje — milagres criativos para as massas!

Enquanto estávamos na mesma viagem, o material da obturação de um dos dentes de Frances caiu. Ela me mostrou, e eu o examinei e o joguei numa cesta. Ao voltarmos para casa, ela foi ao dentista para refazer o serviço. Enquanto estava estacionando o carro, ela orou:

— Deus, tu preencheste todos aqueles dentes. Por que devo perder todo este tempo indo ao dentista para repor o meu?

A assistente a fez sentar-se na cadeira e disse:

— Qual é o problema?

— Caiu o material da obturação de um dos meus dentes — Frances informou.

A assistente examinou sua boca e disse:

— A qual dente você se refere?

Frances mostrou-lhe várias vezes, mas a assistente não conseguiu localizar de onde o material havia caído! Ela chamou o dentista, eles repetiram a mesma rotina e não conseguiram encontrar o dente sem obturação. Deus é um grande e amoroso Deus de surpresas! Como nós o louvamos!

Durante uma das nossas visitas à Austrália, uma estação de TV mandou uma equipe para cobrir um dos nossos cultos de milagres. A primeira coisa que quiseram saber foi: "O que é um milagre?". Eles nunca tinham visto Deus operar milagres e estavam animados com o que iria acontecer, mesmo não sendo cristãos.

Nós lhes explicamos que existem muitas curas que não podem ser vistas ou fotografadas, mas há certos tipos de milagres que realmente podem ser vistos enquanto estão acontecendo. Dissemos-lhes que se sentissem à vontade para entrevistar as pessoas antes, durante e depois da cura, e até mesmo fotografar enquanto ela acontecesse.

"Mas Jesus sabia o que eles estavam pensando e disse ao homem da mão atrofiada: 'Levante-se e venha para o meio'" (Lucas 6.8). Jesus chamou à existência algo que não existia, e até lhes disse o que aconteceria antes que ocorresse a cura.

O culto de milagre australiano estava em andamento! As câmeras estavam funcionando. Fizemos que todos medissem seus braços, e então os assistentes selecionaram alguns do auditório com diferença suficiente no comprimento dos braços para serem vistos do palco. O primeiro foi um ajuste simples, realizado rapidamente!

A próxima pessoa era uma senhora cujo braço esquerdo era cerca de 5 centímetros mais curto que o direito. Perguntamos o que havia feito o braço ser mais curto. Sua resposta nos chocou, porque ela disse que o médico havia removido 5 centímetros do osso de seu braço!

Bem na frente da televisão nacional, levantei os olhos para Deus e disse:

— É melhor que estejas aqui para cuidar deste caso!

Seria melhor que Deus estivesse ali para todo milagre, ou ele não aconteceria; mas, naquele caso, eu realmente queria ter certeza de que Deus estava ali!

Contudo, Deus é fiel e quer demonstrar seu poder para que as pessoas acreditem que ele é um Deus vivo! Quando ordenamos ao braço que crescesse, ele cresceu — e na velocidade certa para que toda a Austrália visse Deus em ação numa tela de TV!

Deus colocou 5 centímetros de osso, medula, tecido, nervos, músculos e tudo mais que é necessário para estender um braço. Ele fez um milagre criativo quando ordenamos ao braço que crescesse em nome de Jesus! Se aquele milagre criativo tivesse acontecido na sinagoga dois mil anos atrás, provavelmente teria sido em Lucas 6.8 ou em outro texto emocionante!

Em uma quinta-feira em Houston, ordenamos que fosse formado um novo órgão numa mulher, e exatamente um mês depois ela retornou e contou que tinha ido ao hospital na segunda-feira seguinte para uma cirurgia e recebeu um interessante diagnóstico do médico:

— Você não precisa de cirurgia porque parece haver um útero novo!

Se Deus pode colocar uma estrela numa posição fixa, pode colocar um útero novo em uma de suas filhas!

Certa noite no Oregon, um homem veio em busca de cura com um pulmão que havia entrado em colapso durante uma cirurgia sete anos antes. Impusemos as mãos nele, ordenamos que aparecesse um novo pulmão e determinamos que sua respiração ficasse normal. Na manhã seguinte, ele nos contou, animado, que estava sentindo o novo pulmão com a mesma facilidade do outro. Conversamos com ele várias vezes depois, e ele disse ser ótimo ter dois pulmões perfeitos! Aleluia!

Certa noite, o Espírito de Deus nos levou a perguntar quantos nunca haviam visto alguém cair no Espírito ou sob o poder de Deus. Mais da metade do auditório disse não ter visto, por isso pedimos a 20 voluntários que quisessem um toque de Deus que fossem à frente.

Havíamos sentido a orientação para fazer essa pergunta por que tínhamos orado por alguém bem no início do culto. Quando aquela pessoa caiu sob o poder, um suspiro percorreu todo o público; por isso, percebemos que aquilo era algo que nem todos os presentes tinham visto antes. Não foi surpresa para nós quando metade do auditório se levantou e veio à frente.

Havia uma quantidade limitada de assistentes; então enfileiramos cerca de 20 na frente da audiência, tocamos suavemente cada uma das pessoas na testa e simplesmente dissemos: "Jesus, toca-os!". Cada um deles caiu para trás no chão, e então algo surpreendente aconteceu! Normalmente, as pessoas voltam à posição, mas, dessa vez, todas continuaram prostrados.

Por fim, começamos a cantar e louvar a Deus, porque momentaneamente parecia que eles iriam ficar lá a noite toda! De repente, uma jovem no chão começou a rir hilariamente! Ela colocou a mão sobre a boca, mas não conseguia parar! Logo, um importante empresário deitado ao lado dela no chão fez exatamente o mesmo! Primeiro ele colocou a mão sobre a boca, mas, em pouco tempo, estava rindo quase histericamente, incapaz de parar. Então outra e outra pessoa, e não demorou muito para que todos os que estavam sob o poder, juntamente com todo o auditório, estivessem fazendo exatamente a mesma coisa! Todos riam histericamente com onda após onda de risada sagrada espalhada por todos!

Finalmente, a primeira jovem que havia caído sob o poder levantou-se, ainda rindo energicamente. Ela correu para outra senhora e começou a bater no ombro dela. Sabíamos que ela não estava com raiva, mas não conseguíamos entender o que estava fazendo. Quando finalmente conseguimos que ela se restabelecesse para que pudesse conversar, ela explicou que sua tia a "forçara" a ir ao encontro contra sua vontade. Um de seus braços se atrofiara por causa de uma doença incurável, e ela nem conseguia levantá-lo. Como enfermeira, ela não podia trabalhar por causa disso. Pelo fato de estar rindo tanto a ponto de não poder falar, quis demonstrar à sua tia, batendo em seu ombro, que Deus a tinha curado.

Enquanto todos ainda estavam rindo, um homem disse à sua esposa, cujos óculos caíram quando ela estava sob o poder:

— Querida, os seus olhos se curaram! Você não é mais estrábica!

Uma menina de 16 anos estava observando tudo isso e, enquanto ria, começou a sentir um movimento no pé. Ela sempre teve de comprar dois pares de sapatos, porque tinha um pé menor que o outro. Bem na frente de seus olhos, o pé menor cresceu até o mesmo comprimento do outro! Aleluia!

A maior surpresa, porém, veio na manhã seguinte, quando uma senhora que estava trabalhando na mesa dos livros informou que, durante o período de risada sagrada, Deus havia restaurado uma de suas mamas parcialmente removida em uma cirurgia! Aleluia!

Compartilhamos isso com o dr. Lester Sumrall logo depois disso, e eu disse:

— Não sabíamos que havia poder na risada sagrada.

— Há poder em qualquer coisa que é sagrada! — ele respondeu.

O que aconteceu? Quais métodos Deus usou para curar todas aquelas pessoas e inúmeras outras durante aquela noite de verdadeira glória?

A palavra de conhecimento nos fez chamá-las à frente.

A risada santa foi dada pelo Espírito como bálsamo de cura.

Os dons de cura estavam em operação. Nós pusemos as mãos sobre eles.

A divina presença do Espírito Santo produziu poder para curar.

A fé inflamou as pessoas no momento em que Deus permitiu que seu poder fluísse sobrenaturalmente.

Como você cura o doente numa situação como essa? Tudo o que podemos dizer é: quando o Espírito está se movendo, mova-se com ele!

Costumamos achar que a cura mais emocionante é aquela que acontece conosco, e não sou diferente de você. Quero compartilhar o que Deus fez na minha vida por meio de um milagre criativo!

Frances

Cerca de sete anos atrás, eu precisava desesperadamente de uma grande cura. Eu tinha o coração dilatado e com um orifício. A minha pressão sanguínea era de 225/140 — após a medicação! Tenho tolerância muito alta à dor e é por isso que, se algum dia fico doente, desconheço o fato de estar realmente doente. Acredito totalmente em Deus e em seu poder de cura, por isso me esqueci de notar alguns sintomas que ocasionalmente podiam surgir em mim.

Não posso deixar de pensar em quantas vezes a minha pressão sanguínea disparou e me deu dores de cabeça tão fortes que eu achava que a minha cabeça ia explodir, e ainda assim eu não achava que havia algo errado comigo. Eu dizia a Charles:

— Querido, tenho uma dor de cabeça horrível, e você sabe que nunca tenho dores de cabeça!

Um dia, Charles me respondeu:

— Querida, alguma vez você percebeu quantas vezes tem falado isso ultimamente?

Na semana em que Bob e Joan deviam se casar, o Diabo me deu uma grande cotovelada, e caí de cama porque estava com mais dor do que podia suportar. A minha cabeça estava a ponto de estourar. Eu estava na cama havia 48 horas quando Charles ficou bravo com o Diabo! Ele pulou em cima da cama, e nunca vi Charles falar com tanta autoridade em toda a minha vida. Ele realmente gritou com o Diabo! Deus acabara de falar com ele para ter autoridade sobre o coração e, quando Deus fala com Charles, ele age com grande poder e fé.

Um técnico estava aferindo a minha pressão arterial e, quando Charles usou de autoridade sobre o coração, falou:

— Diabo, tire as mãos do meu amor! Coração, em nome de Jesus, exerço autoridade e domínio sobre você e ordeno que volte ao tamanho normal! Pressão arterial, ordeno que volte ao normal, em nome de Jesus! Orifício no coração, ordeno que, em nome de Jesus, seja curado agora mesmo!

Charles disse que estava falando com um inimigo que ele odiava e que estava atacando sua amada, e ele estava falando sério; não estava apenas proferindo algumas palavras!

Deus fez um milagre maravilhoso. Ele reduziu a minha pressão arterial para 140/80 numa questão de minutos, e ela permanece assim até hoje. A minha dor de cabeça horrível desapareceu por completo, e eu jamais a tive desde então!

O mais emocionante, porém, foi o fato de que, quando foi tirada a radiografia após esse episódio, não havia mais orifício no coração, nem o órgão estava dilatado. De fato, o médico mostrou-me uma radiografia tirada antes da cura e outra tirada depois e concluiu:

— Frances, você tem o coração de uma garota de 16 anos!

Charles é uma pessoa muito forte, porém doce e de bom humor, mas ele me assustou naquela noite quando pulou sobre a cama e começou a gritar e apontar para o meu coração! Nunca vi Charles como o verdadeiro tigre que foi naquela noite, mas o dom da fé realmente veio sobre ele, e Deus fez um milagre criativo! Glória a Deus! Não é pela altura do seu grito, mas é importante você crer no seu coração e falar com autoridade, porque essa é a maneira que Jesus nos orientou a fazer.

Damos a Deus todo o louvor e toda a honra porque aquele novo coração é o que me manteve correndo todos esses anos para o Senhor!

Lembremo-nos desses exemplos e textos e vejamos "como curar os doentes" para obter um milagre criativo.

Há momentos em que simplesmente pedimos a Deus um novo membro para o corpo, e ele responde. Não limitamos Deus de forma alguma, porque ele demonstrou centenas de vezes que cura de maneiras diferentes e singulares, e ficamos surpresos com a facilidade com que o faz. Os discípulos o fizeram. Como se vê por esses poucos exemplos, Frances e Charles o fizeram. E você também pode fazer!

Há momentos em que ordenamos que seja formada uma parte do corpo, e de repente aparece algo que não havia! "Pela fé entendemos que o universo foi formado pela palavra de Deus, de modo que aquilo que se vê não foi feito do que é visível" (Hebreus 11.3). Em geral, também colocamos as mãos sobre aqueles a quem estamos ministrando. Na maioria das vezes, eles caem sob o poder.

Assim como Deus chama as coisas à existência, podemos fazer o mesmo, porque ele vive em nós pelo poder do Espírito Santo.

Devemos crer que temos o poder de Deus e a autoridade de Jesus para aplicar esse poder.

Devemos crer que estamos fazendo a vontade do Pai, e que a estamos fazendo para seu prazer e sua glória.

Devemos estar dispostos a andar sobre as águas espirituais e nunca nos preocupar com o que os outros pensam de nós.

Devemos agir sobre o que a Palavra de Deus declara que outros fizeram e creram, porque:

"Aquele que crê em mim fará também as obras que tenho realizado. Fará coisas ainda maiores do que estas, porque eu estou indo para o Pai. E eu farei o que vocês pedirem em meu nome, para que o Pai seja glorificado no Filho" (João 14.12,13).

Não devemos permitir que a nossa confiança em Deus hesite com respeito a um milagre. Siga em frente, independentemente de quão pouco você compreende a respeito do que Deus está fazendo; mova-se rapidamente quando o Espírito estiver fazendo coisas incomuns.

Opere numa combinação de dons do Espírito, porque eles são ferramentas que Deus nos dá para realizarmos o sobrenatural.

"Ponha a sua esperança em Deus!" (Salmos 42.11). Observe as oportunidades de glorificar a Deus e Jesus, fazendo as coisas que mostram que ele é o caminho, a verdade e a vida, para que as pessoas queiram servir a Deus.

Seja arrojado; fale com autoridade; opere em amor! "A fé [...] atua pelo amor" (Gálatas 5.6).

Viva como você realmente acredita ser o corpo de Cristo! Se você realmente acredita ser a morada do Espírito Santo de Deus — que está dotado de seu poder, que Jesus mora em você —, então deve estar disposto a fazer o "impossível" para ele!

Não limite os seus métodos de cura à oração ou à maneira pela qual alguém cura. Jesus não agiu assim! Ele foi original em quase todos os atos que praticou.

Chame à existência partes do corpo que não existem!

Capítulo 18

Fazendo crescer braços e pernas

Frances

Existem muitas maneiras de curar os doentes — algumas simples e comuns, e outras incomuns e únicas. Deus nos contou apenas algumas delas, mas nunca tentamos limitar Deus e colocá-lo numa caixa. Ele nos surpreende constantemente; quase sempre, ao ministrarmos cura ou ensinar a curar os doentes, Deus nos mostra algo novo, acrescentando algo ao nosso conhecimento e multiplicando o número de curas.

É algo como desenvolver um automóvel. Seria difícil inventar um automóvel se a roda não tivesse sido inventada anos antes. Os inventores tinham já a roda, de modo que tudo o que tiveram de fazer foi conseguir um motor e conectá-lo a um veículo com rodas. Ocorre o mesmo com a cura! Aprende-se um pouco e depois se acrescenta ao que já se sabe. Em seguida, aprende-se um pouco mais e acrescenta-se mais conhecimento. Se você apenas continuar curando os doentes, continuará aprendendo mais sobre como curar.

Quando se devem curar os doentes? Apenas quando você sentir vontade? Não! Quando você achar que há uma unção especial sobre você? Não! Você impõe as mãos quando existe uma oportunidade.

Esteja o seu pastor pregando, ministrando salvação ou o batismo com o Espírito Santo, curando, expulsando demônios, operando nos dons sobrenaturais do Espírito ou algo mais, é sempre o seu trabalho usar em qualquer momento especial as ferramentas que Deus concedeu a você.

Você permitirá que a obra de Deus se realize por seu intermédio, mesmo que não tenha nenhuma ideia se obterá sucesso ou não. Basta pular fora do barco e começar a andar sobre as águas como Pedro fez, e você ficará totalmente maravilhado com a forma pela qual Deus honrará esse seu ato de fé! Você literalmente precisa aprender a andar sobre as águas espirituais para curar os doentes; quando estiver disposto a sair do barco, Jesus estará à sua espera.

É comum, na tradição carismática, fazer crescer braços e pernas, e isso se realiza em grandes e pequenas reuniões no mundo todo.

Na primeira vez em que vi esse tipo de milagre ser realizado, vou ser honesta com você: tive reservas! Realmente pensei que o evangelista estava fazendo algum tipo de truque. Provavelmente a coisa que mais me influenciou foi o fato de que pareceu que todos no auditório tinham o braço ou a perna curtos, e eu sabia que isso era impossível! Desde então, descobrimos que mais de 80% da população mundial tem problemas nas costas — é a doença mais comum do mundo.

No entanto, cerca de um mês depois disso, Deus trouxe o mesmo evangelista a Houston, e nós estávamos sentados na plataforma com ele quando se aproximou uma senhora que tinha um braço cerca de 10 centímetros mais curto, e o braço cresceu ali debaixo do meu nariz! Não duvidei mais!

Logo depois disso, conhecemos um quiroprático cheio do Espírito, o dr. Jack Herd, de Harrisburg, Pensilvânia, que nos contou sobre a porcentagem de problemas nas costas.

Isso começou a fazer-nos pensar que havia um grande potencial de cura para fazer crescer um braço ou uma perna; então começamos a experimentar. Pensamos: "Se isso funciona para um evangelista, funcionará para nós!". No início, realmente gritamos alto e muito, oramos e oramos, mas, pouco a pouco, começamos a ver resultados! O crescimento de braços não era apenas um milagre físico que se podia ver; era também o modo de Deus ajustar ou curar um problema nas costas.

Certa noite, vimos oito problemas nas costas curados ao mesmo tempo! Quando as pessoas começaram a nos contar como a dor havia deixado suas costas no instante em que seus braços e suas pernas cresceram, começamos a observar o que Deus estava fazendo e a apreciar mais e mais os benefícios e a magnitude desse milagre!

O vaqueiro Ralph McRae tinha três vértebras esmagadas na coluna ao chegar a seu primeiro culto de milagres. Apontei para ele na galeria e disse:

— Sua coluna acaba de ser curada!

Instantaneamente ele sentiu o calor do poder do Espírito Santo descer por toda a sua coluna e ficou totalmente curado! Até aquele momento, ele sempre usara um "espartilho" para cavalgar, mas não precisou usá-lo mais desde a noite de sua cura. No entanto, aconteceu outra coisa muito interessante!

Ele estava tão animado depois do culto que não conseguia dormir; então começou a ler a Bíblia. Colocou os óculos que havia usado durante trinta e um anos. Mas não podia ver! Alarmado, disse: "Deus, tu não curaste as minhas costas apenas para me deixar ficar cego, não é?". Ele tirou os óculos para limpá-los e descobriu que sua visão era perfeita sem os óculos! Deus curou seus olhos ao mesmo tempo que curou suas costas.

Não associamos as duas curas até que Deus começou a nos mostrar uma relação entre curas das costas e outras curas.

Teria o acerto das costas liberado um nervo ótico ou acertado um músculo dos olhos para restaurar a visão?

Em outra noite, um homem chegou em busca de oração. Ele havia machucado gravemente as costas num acidente trinta e sete anos antes. Alguém que o acompanhava sugeriu que ele também deveria receber oração por seu ouvido porque era completamente surdo de um ouvido. Charles perguntou o que havia causado a surdez, e ele contou:

— Aconteceu no mesmo instante em que a minha coluna foi ferida!

Normalmente, Charles teria colocado os dedos nos ouvidos do homem e ordenado que o espírito de surdez saísse, ou teria dito algo como: "Abra, em nome de Jesus", mas, antes que pudesse fazer isso, Deus falou-lhe claramente:

— Faça sua perna crescer, e ele poderá ouvir!

Falando sobre confundir o sábio com coisas tolas, quem já ouviu sobre fazer crescer uma perna para curar um ouvido surdo? Nós certamente não, mas Charles foi obediente.

Ele disse:

— Sente-se; Deus disse para fazer a sua perna crescer, e você poderá ouvir!

Estou feliz por ele não ter tido tempo para pensar a respeito, porque poderia concluir que Charles estava louco. Charles mediu as pernas do homem, e uma era aproximadamente 8 centímetros mais curta que a outra. Ordenou que a coluna fosse curada e que seus músculos, nervos e tendões se ajustassem e fizessem a perna crescer.

A perna cresceu rapidamente até o comprimento total, e Charles testou o ouvido do homem. Ele podia ouvir perfeitamente! E andou pela igreja inteira dizendo a todos que agora podia ouvir com o ouvido anteriormente surdo. Ficou tão entusiasmado que se esqueceu das costas durante cerca de uma hora e, então, descobriu que as costas também estavam curadas! Aparentemente, o ferimento havia pinçado ou danificado um nervo do ouvido e causado a surdez.

Essa foi uma nova visão para nós no mundo de cura de Deus! Cerca de uma semana depois, uma jovem senhora nos procurou para ser curada de surdez total num dos ouvidos. Ela disse ser um nervo morto; então Charles conferiu seus braços. Um deles era aproximadamente 3 centímetros mais curto. Então ele usou os mesmos comandos que havia adotado com o homem. O braço dela cresceu e, instantaneamente, ela pôde ouvir perfeitamente.

Centenas foram curados dessa mesma maneira desde a nossa descoberta de que existe uma óbvia conexão entre surdez nervosa e problemas de coluna!

Uma vez que fazer crescer os braços e as pernas parece tão natural para nós, supervisionamos o vasto campo de curas que pertencem a essa categoria. Deus revelou cada vez mais milagres relacionados aos ajustes de costas, músculos e nervos.

Em Washington, um homem trouxe um menino de 13 anos a Ralph (o vaqueiro) para cura de incontinência urinária. Quando Ralph começou a orar, Deus lhe falou: "Faça a perna dele crescer, e ele será curado!". Aquilo realmente chocou Ralph, mas, em vez de orar como originariamente planejou fazer, ele fez o menino sentar-se numa cadeira, mediu suas pernas e descobriu que uma era aproximadamente 5 centímetros mais curta do que a outra. A perna cresceu.

Queremos que você pense a respeito dessa cura. Não é lógico que isso possa causar pressão sobre os rins ou sobre a bexiga? Desde então temos conversado com médicos e quiropráticos, e eles têm concordado que uma perna curta pode facilmente causar incontinência urinária!

Sem ter conhecimento médico, sabemos que nervos e músculos são usados num corpo para realizar funções normais;

então, se um nervo ou músculo for pressionado ou pinçado, pode causar defeito ou mau funcionamento do corpo. Isso pode provocar um problema na bexiga ou nos rins.

Conversamos com médicos e quiropráticos não para aprender a ser médicos — não somos qualificados para isso, nem pretendemos praticar medicina —, mas para discutir algumas maneiras pelas quais Deus está curando através de ajustes de colunas, músculos, nervos ou outras partes e sistemas do corpo.

Um amigo quiroprático ficou realmente animado quando passamos algum tempo falando com ele sobre maneiras específicas que Deus tem usado esse método. Ele nos mostrou algumas de suas descobertas relacionadas aos desalinhamentos vertebrais. Uma das coisas que ele nos disse foi que o sistema nervoso controla e coordena todos os órgãos e estruturas do corpo humano e que os desvios da coluna e dos discos podem causar irritação no sistema nervoso e afetar estruturas, órgãos e funções, o que pode resultar nas condições que estávamos mencionando, juntamente com muitas outras.

Por exemplo, ele relatou que a vértebra 2C, a segunda do topo da coluna vertebral, controla os olhos, nervos ópticos, nervos auditivos, sinusite, ossos mastoides, língua e testa. Não sabemos se todos os médicos concordam com isso ou não, mas percebemos que, quando Deus faz um ajuste na área da coluna vertebral superior ou inferior, centenas de costas têm sido curadas, e outras curas, como os olhos do vaqueiro Ralph, têm ocorrido quando a coluna é curada. Sentimos que devemos tomar conhecimento do que Deus está fazendo através de ajustes, especialmente quando isso se alinha com o que os médicos e quiropráticos já sabem.

Esse mesmo quiroprático disse que ficaríamos surpresos se soubéssemos quantos problemas ainda não descobertos seriam evitados se as colunas fossem ajustadas nas nossas reuniões.

Uma coisa que sabemos com certeza é que a nossa ignorância a respeito do que acontece quando Deus ajusta colunas vertebrais, músculos, nervos ou qualquer outra coisa não resulta num monte de erros prejudiciais, porque não estamos fazendo isso — Deus está!

Charles

Talvez você nunca tenha visto um braço ou uma perna crescer. Se não viu, será um verdadeiro prazer para você! Um dos milagres mais emocionantes é quando o poder de Deus realmente move uma parte do corpo bem diante dos seus olhos. Esse talvez seja o mais simples e mais comum de todos os milagres. É fantástico convencer um pecador ou uma pessoa que ainda não recebeu o batismo com o Espírito Santo da realidade do poder de um Deus vivo que não se esquece de como curar os doentes.

Você pode querer tentar consigo mesmo! Levante-se, coloque os pés juntos para que os dedos dos pés estejam nivelados e olhe para a frente. Estenda os braços à sua frente com as palmas das mãos voltadas uma para a outra, a cerca de 1,5 centímetro de distância, e depois empurre ou estique os braços para fora, tanto quanto conseguir.

Enquanto os seus braços estiverem esticados, coloque as mãos firmemente juntas e as mantenha assim até dobrar os cotovelos para que você possa ver as extremidades dos dedos. Se o comprimento dos seus braços estiver desigual, os dedos no seu braço mais longo se destacarão em relação aos dedos do seu braço mais curto. Agora você está pronto para expandir o seu próprio braço. Estique os braços para fora na sua frente novamente, deixando que as mãos toquem ligeiramente umas nas outras, mas não as segure firmemente.

Você pode querer dizer algo como: "Braço, em nome de Jesus, ordeno que cresça. Espinha dorsal, músculos, nervos, ligamentos e tendões, ajustem-se, em nome de Jesus". Então diga: "Muito obrigado, Pai; acredito que está feito". Permaneça assim durante alguns momentos e observe o milagre enquanto o seu braço cresce! Você deve ver o braço mais curto igualar-se ao comprimento do outro e poderá até sentir o ajuste.

Agora faça isso a outra pessoa!

Se você quiser pôr em prática nas pernas, faça uma pessoa sentar-se ereta em uma cadeira e estender os pés para a frente. Muitas vezes, você pode ver o ajuste necessário olhando a parte inferior dos sapatos ou colocando seus polegares nos ossos do tornozelo. Segure os pés levemente nas suas mãos e depois ordene que as costas se alinhem; que os músculos, os nervos e os tendões se ajustem; e que a perna mais curta cresça, em nome de Jesus e pelo poder do Espírito Santo. Você faz todo o trabalho, e Deus recebe toda a glória! Geralmente, se houver algum problema na parte superior das costas ou no pescoço, os braços precisarão de ajuste e, se for um problema nas costas, as pernas serão desiguais. Verifique as costas ou a parte de trás da pessoa a quem você ministra, dobrando-a, e veja se ela não se curou quando o braço ou a perna cresceram. Há momentos em que você precisará ajustar tanto os braços como as pernas.

Agora você está pronto para começar a ser um operador de milagre simples, comum e cotidiano para Jesus, lembrando que ele é o Mestre, e você é o servo que faz a vontade dele. É divertido e emocionante observar o poder de Deus fazer esse tipo de cura, e é um testemunho eficaz para demonstrar o poder de Deus.

Depois que Deus fizer o milagre, não se esqueça do propósito: que as pessoas creiam que Jesus é o caminho para a vida eterna. Ganhe-as para a salvação! Se elas já estão salvas, use essa demonstração do Espírito e do poder para o ministério enquanto ensina sobre o batismo com o Espírito Santo, ou para qualquer propósito que você se sinta impulsionado pelo Espírito a realizar naquele momento. Lembre-se, Jesus não veio apenas para curar os doentes; ele veio para que eles creem em seu nome, aceitem-no e sejam salvos!

Certa noite, estávamos falando a um jovem evangelista que trabalha com estudantes universitários. Ele entrou em uma casa de fraternidade e perguntou:

— Se você pudesse expressar um desejo, qual seria?

Um jovem estudante levantou-se e respondeu:

— Ter as minhas duas pernas do mesmo comprimento!

Ele estava usando um sapato com ajuste, porque uma perna era cerca de 15 centímetros mais curta do que a outra. O jovem evangelista recebera o batismo pouco antes disso. Ele fez o jovem sentar-se, e a perna cresceu 15 centímetros a seu comando! Que noite de salvação foi para aquela comunidade! Os milagres farão o que as palavras não fazem!

Se existir uma vértebra defeituosa ou alguma outra parte defeituosa na coluna, isso deve ser divinamente curado, ou outra cirurgia pode ser necessária. Um médico ou quiroprático geralmente pode restaurar as condições normais ajustando os segmentos da coluna vertebral. Deus pode fazer isso também e pode fazer um ajuste muito mais permanente, por causa da cura que ele pode realizar simultaneamente. Quase sempre Deus encaixa partes novas quando necessário, e ele nem sequer cobra por esse serviço!

Descobrimos também que o ajuste nem sempre é na coluna; às vezes, é um ajuste de nervos, músculos, tendões, ligamentos ou cartilagens. Um médico pode descrever isso melhor, mas o que significa é que as peças precisam ser colocadas de volta em seu devido lugar por algum tipo de ajuste.

Uma senhora tinha o osso maxilar mal "articulado" e, toda vez que mordia, isso lhe provocava dor. Esse problema a atormentou a vida toda. Ordenei ao osso que se alinhasse e que os nervos, músculos e ossos fossem ajustados e liberados. A mandíbula moveu-se ligeiramente, e a dor desapareceu. Ela custou a acreditar que uma vida inteira de dor terminara em questão de alguns segundos. Deus é tão bom!

Ordenamos a maxilares de crianças com "mordida aberta" que entrassem no lugar e vimos seus dentes se alinhando adequadamente. Isso não funcionou todas as vezes, mas continuaremos tentando sempre para obter o máximo possível de curas — tudo para a glória de Deus e em nome de Jesus!

Uma jovem senhora que nunca havia ido a nenhum tipo de culto de cura veio a uma das nossas reuniões e ficou profundamente surpresa no momento em que cerca de 300 ou 400 pessoas foram curadas naquela noite. Ela me procurou depois do culto e disse:

— Vi todas essas pessoas sendo curadas, mas então olhei para todas as pessoas que têm o poder de curar e notei que quase todas usam óculos. Podendo curar os doentes, por que elas usam óculos?

Eu realmente não soube o que responder, mas depois perguntei a Deus o porquê dessa situação!

Certa vez, Mel Tari, que escreveu o livro *Like a Mighty Wind* [Como um vento poderoso], visitou a nossa casa. Ela compartilhou como Deus lhe disse para atravessar um rio profundo e testemunhar a determinado povo; então ela e sua equipe andaram por cima das águas! Isso foi emocionante para mim. Aleluia! Perguntei:

— Você ainda anda sobre as águas?

— Não, não aconteceu em sete anos — ela disse.

— Por quê? — perguntei.

Ela respondeu:

— Foi construída uma ponte rio acima ali perto, e não é necessário andar sobre as águas; pode-se ir até a ponte e atravessar.

Pensei nisso com relação aos óculos. Realmente não preciso ser curada porque, com óculos, tenho uma ótima visão. Tenho visão perfeita a distância, mas, quando começo a ler, as palavras se embaralham, por isso uso óculos para ler. Mas por que não sou curada? Provavelmente uma das maiores razões é que realmente não preciso ser curada. Se os óculos não tivessem sido inventados e eu não pudesse ver, haveria um sério problema com Deus!

Não encontramos uma resposta diferente para problemas oculares, mas, enquanto estávamos ministrando no Canadá, um oftalmologista perguntou com entusiasmo a Frances o que poderia estar levando a um tremendo avanço no número de curas dos olhos que vemos Deus realizar. Ele nos ouviu ensinar a fazer crescer braços e pernas e viu como Deus estava curando a surdez nervosa por um ajuste da coluna. Ele perguntou:

— Vocês sabem por que tantas pessoas usam óculos?

Frances disse que sabia por que ela usava — para ver! Ele disse:

— A maioria das pessoas que precisa de óculos tem músculos *oculares* de comprimento irregular, e os óculos são corretivos para isso. Se Deus sobrenaturalmente ajusta o comprimento de braços e pernas, ou ajusta os músculos e nervos da coluna vertebral, por que não pode fazer o mesmo com os músculos oculares?

Que revelação espiritual isso nos trouxe! Tínhamos acabado de retornar de uma viagem na qual havíamos estado na televisão e tido a oportunidade de pedir à audiência que nos ajudasse numa experiência. Pedimos que eles estendessem os braços, e nós oramos e ordenamos que os músculos dos olhos se ajustassem ao correto comprimento para dar uma visão perfeita a todos que dela precisassem!

Quatro telefonemas ocorreram imediatamente! Um deles vinha de uma mulher cega de um olho e com apenas 10% de visão no outro que, quando recebeu a oração, recebeu a visão em ambos os olhos e pôde ler a Bíblia!

Outro homem relatou que sua visão era nula em um dos olhos e, durante a oração, retornara totalmente! Dois outros telefonemas relatando cura dos olhos não foram tão dramáticos, mas ambos indicaram que aquilo poderia ser a chave para abrir a porta a muitas curas de olhos.

Num avião para a Califórnia, conversamos com uma enfermeira sobre colunas, braços e pernas que cresceram. Ela compartilhou conosco uma ideia interessante: sempre que sua mãe sentia que ia pegar um resfriado, imediatamente ia a um quiroprático para um ajuste, e assim nunca pegou resfriado! Concluímos que, se o Diabo sempre se esgueira tentando nos pegar em um resfriado, vamos pedir que Deus sempre nos dê um bom tratamento quiroprático celestial para evitá-lo!

Outro milagre interessante resultou do crescimento de braços: uma cantora veio em busca de oração em virtude de caroços que se formaram em sua garganta. Podia-se ver o medo de câncer escrito em sua face. Comecei a impor as mãos nela e ordenei que os caroços saíssem quando uma palavra suave de Deus veio a mim. Testei seus braços e, com certeza, eles eram desiguais. Assim, exatamente como Deus me dissera para fazer, ordenei aos nervos e músculos que relaxassem e se ajustassem. O braço da cantora cresceu, igualando-se ao outro, e eu disse:

— Vicki, eu a desafio a achar aqueles caroços!

Que alegria ela teve ao não mais encontrar os caroços!

Vamos compartilhar com você várias outras curas que Deus realizou por meio de ajustes que sempre resultam do crescimento de braços e pernas.

Acordei certa manhã com câimbra no músculo superior do ombro. Simplesmente estiquei os braços e ordenei que os músculos relaxassem, e vivi uma das experiências mais bonitas da minha vida. Foi como se a mão de Jesus liberasse o músculo, e a câimbra desapareceu suavemente num instante. A santa presença que senti no ombro foi tão irresistível como creio ter sido a sarça ardente para Moisés!

A vida toda, sempre que eu ia comprar um terno, os botões não combinavam com as respectivas casas com a diferença de cerca de 2 centímetros porque um ombro era mais baixo do que o outro. Eu fazia o alfaiate colocar uma almofada no ombro, e isso nunca era muito confortável. Um dia, pensei que eu realmente não precisava continuar com aquele problema e, pelo fato de Deus ser tão pessoal e real para nós, fiquei reto, enquadrei os ombros e ordenei que eles se ajustassem. Deixei essa questão de lado até comprar o terno seguinte e, com certeza, os botões combinaram perfeitamente com suas casas. Oh, a beleza do amor pessoal de Deus por seu povo!

O Diabo me lançou no chão certa noite e fiquei inconsciente. Quando recuperei a consciência, levantei-me, mas a minha mão e o meu cotovelo estavam doloridos. A dor persistiu por alguns meses, especialmente quando eu torcia o cotovelo ligeiramente. Um dia em que eu estava com um médico amigo, perguntei sobre a dor. Ele fez um exame rápido e disse que era um caso de cotovelo de tenista. Ele se ofereceu para me dar uma dose de cortisona que poderia aliviar a dor. Agradeci e disse:

— Agora sei o que fazer.

Fui até o carro, sentei-me no banco da frente, estendi as mãos e ordenei ao tendão comprimido que se esticasse até voltar ao normal, e isso aconteceu! Nunca mais tive dor desde então. O médico me disse que, quando eu caí, o tendão da minha mão até o cotovelo foi obstruído ou encurtado. Não é de admirar que Jesus seja chamado de o Grande Médico!

Temos visto espasmos musculares parar; cotovelos enrijecidos funcionar normalmente; fadigas nos músculos do ombro e do pescoço relaxar; dores de cabeça, nos braços, nas mãos, ombros e outras partes do corpo ser aliviadas; corpos ser tracionados enquanto Deus ajusta ossos, músculos e nervos; e muito mais. Todas essas e muitas outras curas e bênçãos são dádivas de Deus, pois seu imenso poder ajusta as partes certas, e tudo isso em nome de Jesus!

Deus está mostrando a todo o corpo de Cristo, não apenas a evangelistas ou ministros envolvidos num ministério de cura, a simplicidade de aplicar seu poder incrível, de modo que as multidões não só receberão cura, mas também a darão livremente aos que estão à sua volta, assim como Deus, livremente, a compartilhou conosco.

Milhares foram curados no nosso ministério apenas por esse meio de cura e, sem dúvida, centenas de milhares receberam cura através de outros meios que aprenderam. Sentimos no nosso espírito que Deus está dizendo que em breve as curas serão realizadas por milhões em todo o mundo, pessoas como você e eu!

Você nunca saberá até tentar, mas Deus está preparando a noiva de Cristo para esse retorno próximo, e ele o fará em grande parte pela demonstração de seu Espírito e poder. Queremos que você seja uma parte viva desse emocionante mover de Deus nos últimos dias! Comece a fazer crescer braços e pernas!

Instruções para fazer crescer as pernas

1. Explique à pessoa que, enquanto a coluna está sendo curada, as pernas parecerão crescer, por isso observe os polegares no momento em que o poder de Deus é liberado.
2. A pessoa a ser curada deve sentar-se na posição ereta numa cadeira com encosto reto e com os quadris pressionados contra o encosto.

3. Faça a pessoa estender as pernas tão retas quanto possível. Não force as pernas quando houver muita dor.
4. Segure os pés para que seus dedos suportem as pernas por baixo; os polegares devem ser posicionados de modo que as pontas internas estejam exatamente na parte superior da ponta dos ossos do tornozelo nas duas pernas. Os polegares devem ficar paralelos e perpendiculares, apontados diretamente para o chão.

Capítulo 19

Ir ao mundo todo... curar os doentes

Frances

"Nessa altura, eu podia ver o mundo inteiro. Eu via as pessoas como se estivessem indo e vindo sobre a face da terra. De repente, havia um homem na África e, num instante, ele foi transportado pelo Espírito de Deus, e talvez estivesse na Rússia, ou na China, ou na América, ou em algum outro lugar, e vice-versa. Aquelas pessoas foram ao mundo todo, e elas passaram pelo fogo, pela peste e pela fome. Nem fogo, nem peste, nem fome nada parecia detê-las."

"Enquanto avançavam em tudo o que faziam como ministério de Cristo no fim dos tempos, aquelas pessoas ministravam às multidões sobre a face da terra. Dezenas de milhares, até mesmo milhões, pareciam vir ao Senhor Jesus Cristo quando aquelas pessoas se destacavam e entregavam a mensagem do Reino, da vinda do Reino, nesta última hora."

Essa emocionante visão foi dada vinte anos atrás, e nós a vimos se cumprir hoje, quando homens e mulheres estão dando grandes passos para ficar entre as multidões que compartilham as boas-novas com o mundo!

Em novembro de 1977, tive um sonho de que estava em um avião a mais de 11 mil metros no ar, o que não era nada fora do comum, porque voávamos o tempo todo. Havia, entretanto, algo singular a respeito daquele voo, porque eu estava em pé na porta do avião com os joelhos dobrados — e os dedos do pé pendurados para fora da porta do avião.

Ouvi uma voz suave dizer:

— Pule! Eu seguro você.

Olhei para baixo. Onze mil metros no ar é uma distância longa! Mesmo num sonho, um calafrio percorreu a minha espinha de alto a baixo!

Eu sabia que era Deus, todavia instantaneamente pensei no Diabo tentando Jesus: "Se és o Filho de Deus, joga-te daqui para baixo" (Lucas 4.9).

Olhei para baixo de novo, e pareceu ainda mais distante dessa vez!

Novamente, a voz disse:

— Pule! Eu seguro você. Você não confia em mim?

Parece que lutei a noite toda, em pé na porta aberta do avião, e a noite toda a mesma voz continuou repetindo: "Pule! Eu seguro você. Você não confia em mim?".

Sempre que ouvia aquela voz, eu notava quão distante estávamos do chão — 11 quilômetros é uma altura considerável! Todavia, no meu coração, eu sabia que era a voz de Deus, mas não conseguia entendê-la. De repente, cheguei à conclusão: "Que diferença faz? Se for o Diabo, vou me espatifar no chão, mas estarei instantaneamente no céu! E, se for Deus e eu estiver sendo desobediente, ele talvez jamais fale comigo de novo".

Houve aquela repentina percepção de que eu devia pular, por isso me soltei e pulei para o desconhecido!

Instantaneamente, eu estava no chão! Não houve absolutamente nenhum lapso de tempo entre o salto e o pouso. Não houve sensação de queda, nenhuma sensação de nada, apenas pular e estar instantaneamente segura! Mais uma vez, ouvi a voz suave e tranquila de Deus dizer:

— Viu? Eu disse que você podia confiar em mim!

Deus nos havia dito num sonho que iríamos dar um passo gigantesco — um passo maior do que jamais déramos, mas que ele estaria presente no final para nos segurar!

Nós cremos, através daquele sonho, que Deus está dizendo para todo o corpo de Cristo dar um passo gigantesco e começar a fazer coisas que jamais sonhou fazer. Ele está também garantindo ao corpo de Cristo que estará presente esperando por ele!

Deus está chamando você para dar um passo gigantesco porque ele quer fazer de você um gigante — um gigante que esmagará o Diabo debaixo de seus próprios pés! E isso não acontecerá por causa de um grande gigante, mas por causa de centenas de milhares, talvez até milhões, de cristãos que sairão e começarão a impor as mãos nos doentes e os curarão!

"E este é o milagre — este é o glorioso milagre — aquelas pessoas impuseram as mãos exatamente como o Senhor fez, e pareceu que havia esse mesmo fogo líquido em suas mãos. Ao estenderem as mãos, elas disseram: 'De acordo com a minha palavra, sejam curados'."

Essas palavras foram ditas há vinte anos! Observe a semelhança com o capítulo intitulado "Uma visão é um milagre" do livro que escrevemos em 1976 com o título *Impossible Miracles* [Milagres impossíveis]. Há cinco anos, eu não teria acreditado nisso, mas agora acredito!

A última noite de um delicioso seminário da caminhada cristã carismática em Calgary, no Canadá, foi uma noite de poder como jamais havíamos visto em todo o nosso ministério. A fé estava no auge em razão dos ensinamentos do seminário. O assunto daquela noite era "casamento" e, quando Charles estava falando sobre a honestidade no casamento, senti uma onda de poder tão tremenda que quase caí. Agarrei-me ao pódio e olhei para Charles para ver se ele havia sentido o mesmo que eu. Eu não conseguia acreditar no que via!

Da ponta de seus dedos saíam chamas de fogo azul de mais ou menos 10 centímetros de comprimento e, ao olhar para elas, Deus me falou:

— A unção de cura está sobre Charles. As primeiras 30 pessoas que chegarem ao altar serão instantaneamente curadas!

Tive de interromper Charles! O poder estava aumentando a tal ponto que eu sabia que Deus tinha algo especial! Repeti para o auditório o que Deus havia dito, e pareceu que o auditório todo virou de cabeça para baixo. Nunca vi doentes e aleijados se movendo com tanta rapidez em toda a minha vida!

Quando Charles desceu do palco para impor as mãos neles, o poder de Deus foi tão forte que eles caíram em ondas enquanto ele atravessava a multidão. Quando ele estava a meio caminho da frente do auditório, ergueu as mãos para tocar alguns, e cerca de 30 a 40 pessoas caíram sob o poder ao mesmo tempo. As pessoas começaram a chorar por todo o auditório enquanto sentiam o poder de Deus de maneira nunca antes experimentada.

Bob e Joan estavam fora do palco naquele momento, mas sentiram algo sobrenatural vir pelo alto-falante. Mais tarde, Bob disse:

— Eu ouvi Frances dizer: "Saiam da frente e deixem Charles passar", e então ouvi a palavra "Fogo!". Vim correndo o mais rápido que pude, perguntando se havia uma bomba de algum tipo ou coisa semelhante. Havia — uma bomba do Espírito Santo! Charles estava tocando a multidão, e as pessoas caíam por toda parte!

Mais tarde, Joan disse:

— Continuei ouvindo: "Deixem-no passar, deixem-no passar; há fogo em suas mãos"; então corri para a cortina no fundo do palco. O poder de Deus era tão forte e intenso que rompi em lágrimas, completamente subjugada pela esmagadora presença de Deus.

Nesse momento, Charles já havia atravessado o auditório e as chamas começaram a diminuir, até que finalmente desapareceram. Ele voltou ao palco e pediu às pessoas que levantassem as mãos se soubessem que haviam sido curadas. Mais de 100 mãos se levantaram. Deus curou ainda mais do que prometeu!

É impossível explicar o que se sente num momento como esse. Eu estava tão impressionada pelo que tinha visto e ouvido que apenas fiquei ali me perguntando o que iria acontecer em seguida!

Não precisei esperar senão alguns segundos e então vi coisas que nunca tinha visto em toda a minha vida. O Auditório Jubileu é um grande espaço com duas galerias e um teto extremamente alto. Quando olhei para as pessoas, apareceu uma enorme pomba com as asas de cerca de 15 metros abertas, pairando sobre o lado esquerdo do auditório.

E não era branca!

Em vez disso, era "como se fosse de fogo".

A pomba parecia exatamente como se tivesse sido esculpida diretamente do fogo! Era vermelha, laranja e amarela!

Eu nunca havia sentido a impressionante presença de Deus como senti naquele momento. Então uma coisa chocante aconteceu! Penas das asas da pomba começaram a voar pelo auditório e a pousar sobre várias pessoas. Pareciam fogos de artifício explodindo enquanto voavam cada vez mais rapidamente pelo auditório.

Novamente, Deus falou:

— Existe perversão na vida sexual de casais aqui. Há adultério em alguns casamentos aqui, e estou mandando fogo do meu Espírito Santo para queimá-lo.

Homens e mulheres começaram a chorar e gritavam:
— Deus, salva-me!

A presença de Deus foi uma realidade para muitas pessoas que nunca haviam sentido sua presença. O poder acusador do Espírito Santo estava sobre muitos casamentos. E, tão repentinamente quando havia aparecido, a pomba desapareceu e foi instantaneamente substituída por uma pomba branca.

Eu disse ao auditório que a pomba "como de fogo" havia desaparecido e tinha sido substituída por uma pomba branca, e então esperei por outra mensagem de Deus, porque não havia compreendido aquilo em absoluto.

Dessa vez, Deus deu a mensagem a Charles:
— Enviei a minha pomba branca como um símbolo de purificação. Seus casamentos foram limpos e purificados. Mantenham-nos dessa forma!

A pomba branca foi embora!

Centenas de pessoas aceitaram Jesus como resultado daquele momento inspirador, e muitas foram batizadas no Espírito Santo e curadas ao mesmo tempo. Calculou-se que por volta de 1.800 pessoas tenham caído sob o poder de Deus naquela noite.

Talvez nunca mais voltemos a estar na glória *shekinah* de Deus até chegarmos ao céu, mas a nossa vida jamais será a mesma, graças àquela noite.

Algumas pessoas podem não crer; talvez você não creia, mas nós precisamos crer, porque estivemos lá!

Um milagre impossível, mas que aconteceu!

Estes são os dias em que o fogo do céu está sendo derramado! Oh, nesse dia, o fogo líquido virá das mãos de todos os crentes cheios do Espírito! Os milagres estão acontecendo, o Espírito Santo está dando visões, e as multidões estão se levantando para dar glória a Deus! Este é você — e este sou eu! Entendamos a visão cada vez mais!

Sobre os autores

Figuras lendárias do corpo de Cristo, Charles (1920- -2010) e Frances (1916-2009) Hunter ficaram conhecidos no mundo todo como dois dos mais ungidos evangelistas sobre a terra. Os Hunters Felizes, como eram carinhosamente apelidados, ministraram em 49 nações; em toda parte, incluindo os Estados Unidos, eles testemunharam curas impressionantes. Em um culto em Bogotá, Colômbia, viram 100 pessoas levantarem de cadeiras de rodas numa incrível demonstração do poder de Deus.

Charles e Frances Hunter tornaram famosas as chamadas "Explosões de Cura", grandes campanhas envolvendo cidades inteiras, nas quais o foco era orar para que os doentes fossem curados. Incontáveis milhares foram salvos, curados e cheios com o Espírito Santo através do seu ministério. Muitos milhares foram treinados para curar os doentes, multiplicando assim a mensagem de cura como ouro líquido espalhado pelo Globo.

Eles apareceram no programa *Regis and Kathie Lee*, no *Tom Snyder Show*, no *This Is Your Day*, de Benny Hinn, na DayStar TV Network, no programa *60 Minutes* da CBS, na TBN, CBN, Cornerstone TV, Primetime TV e em muitos outros programas de TV e redes nacionais. Foram autores de mais de 50 *best-sellers*, incluindo *How to Heal the Sick* [Como curar os doentes], traduzido para tantos idiomas que 85% do mundo pode ler este livro incrível em sua própria língua. Eles também produziram fitas de vídeo e DVDs com horas de instrução e ensino sobre esse assunto, que também foram traduzidos para muitas línguas, alcançando o Globo com sua mensagem transformadora de vida.

Em 2007, os Hunters organizaram o histórico Dia Mundial da Cura. Milhares de igrejas participaram via satélite nos Estados Unidos e em todo o mundo. Transbordaram relatos de pessoas curadas de todos os tipos de doenças e sofrimentos, incluindo cegueira, esclerose múltipla, lúpus, câncer e muitas outras enfermidades.

Duas pessoas obedientes, de coração dedicado a Deus, escutaram seu Pai celestial e espalharam sua Palavra, sua graça, sua misericórdia e seu poder de cura por onde foram. Seu zelo por tudo o que Deus tinha para oferecer era contagioso. Todos os que os ouviram falar foram mudados para sempre. Essa dupla dinâmica continua a compartilhar sua incrível unção na área de cura e a ministrar o batismo no Espírito Santo através de seus livros, materiais de áudio e vídeos.

A filha do casal, Joan Hunter Murrell, assumiu a liderança do Ministério Hunter desde a morte de sua mãe, Frances Hunter, em julho de 2009. Joan viajou com Charles e Frances por mais de trinta e cinco anos e copastoreou uma igreja em Dallas por dezoito anos. Joan atualmente mora em Pinehurst, Texas, onde seu ministério está localizado.

LEIA TAMBÉM...

SUA Palavra É AGORA

Don Gossett & E. W. Kenyon

SUA *Palavra* É AGORA

"Jesus Cristo é o mesmo, ontem, hoje e para sempre."
Hebreus 13.8

Temos de nos alimentar da Palavra de Deus diariamente. Como o maná no deserto, a Palavra não pode ser enlatada, ressecada ou preservada, é uma porção diária.

Com Jesus também é assim. Experiências do passado não podem ser preservadas. Suas misericórdias se renovam a cada dia. Com Jesus, tudo é "agora". Quando ele disse "Eu asseguro que meu Pai dará a vocês tudo o que pedirem em meu nome." (João 16.23), isso permanece real até que ele volte. Quando disse: "[E]m meu nome [...], imporão as mãos sobre os doentes, estes ficarão curados" (Marcos 16.17,18), isso é verdadeiro até que ele retorne.

Dos escritos inspirados de E. W. Kenyon e Don Gossett, um livro que desafia o leitor a tomar posse do poder diário e da verdade da Palavra de Deus para colher frutos das promessas de libertação, cura e sucesso na vida. A Palavra de Deus é tão refrescante quanto o orvalho da manhã. *Sua Palavra é agora*. Ela tem poder para salvar agora. Ela tem o poder para curar agora!

LEIA TAMBÉM...

MINISTRANDO ABAIXO DA SUPERFÍCIE

ALBERT & ELISABETH TAYLOR
EM CONJUNTO COM DAVID TAYLOR

Vida

MINISTRANDO ABAIXO DA SUPERFÍCIE

Ministrando abaixo da superfície é um livro cristocêntrico que:

- Fornece subsídios para ajudar a si mesmo e a outros
- Prepara para receber e conservar a libertação e cura
- Ensina as condições para o trabalho do Espírito para mudança de vida
- É apropriado para o estudo individual ou em grupos

> Usei as ferramentas de oração e ensinei a partir do material desenvolvido por Albert e Elisabeth Taylor por muitos anos, com resultados impressionantes em centenas de pessoas. Fácil de aprender, muito prático e sólido biblicamente. A maioria das pessoas que foram ministradas terminou preparando-se para continuar a batalha por sua própria liberdade e satisfação em Jesus Cristo.
>
> — Pastora Cárdenas, Igreja Evangélica Inaquito, Quito, Equador

> Tenho sido conselheiro há 40 anos, mas a conferência dos Taylor em Délhi revolucionou minha atitude e enfoque ao aconselhamento. Os métodos integrais de Albert estão pavimentando o caminho para as curas milagrosas da mente, corpo e alma, e a transformação do caráter em pessoas com diferentes raízes.
>
> — Pastor Thomaskutty, Délhi, Índia

LEIA TAMBÉM...

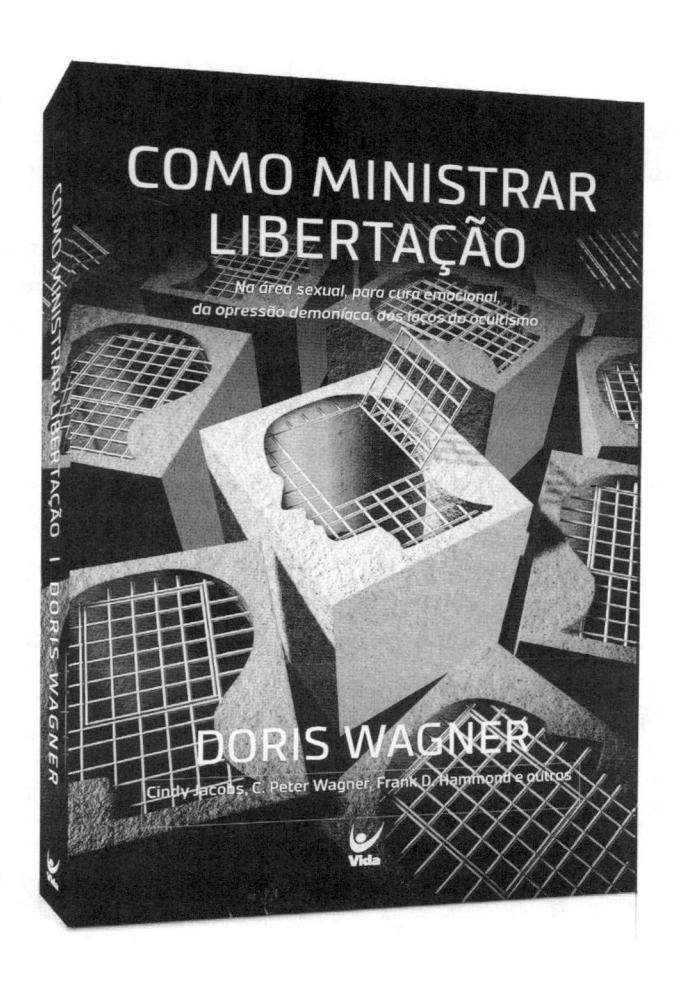

COMO MINISTRAR LIBERTAÇÃO

Na área sexual, para cura emocional, da opressão demoníaca, dos laços do ocultismo

DORIS WAGNER

Cindy Jacobs, C. Peter Wagner, Frank D. Hammond e outros

COMO MINISTRAR LIBERTAÇÃO

Na área sexual, para cura emocional, da opressão demoníaca, dos laços do ocultismo

Você pode ministrar libertação hoje

Hoje, muitos cristãos ainda vivem em escravidão; portanto, nenhuma igreja deveria ficar sem este manual.

Se você é pastor ou conselheiro ou ainda se busca libertação para si mesmo, este livro pode mudar sua vida. Como ministrar libertação oferece os passos para chegar à libertação da opressão demoníaca, das feridas emocionais, da escravidão sexual e dos laços com o ocultismo. Especialistas renomados na área de libertação oferecem a compreensão básica de cada assunto e os meios para ministrar a cura.

Alguns dos tópicos oferecidos:

- Como as forças demoníacas nos distanciam da vontade de Deus?
- Que passos nos levam à libertação dos problemas relacionados à rejeição?
- Como podemos orientar a próxima geração para que ela se liberte da escravidão sexual?
- Que papel a igreja local deve ter no ministério de libertação?

Chegou o momento de ministrar libertação e de recuperar a alegria que Cristo deseja que cada um de nós tenha.

LEIA TAMBÉM...

MAHESH & BONNIE CHAVDA

ABRA ESPAÇO PARA O SEU MILAGRE

[Libere o poder da ressurreição em sua vida]

ABRA ESPAÇO PARA O SEU MILAGRE

PREPARE-SE PARA O SEU MILAGRE!

Seus sonhos não têm se realizado? Você tem a sensação de que Deus não cumpre aquilo que promete?

Se você quer ser usado em milagres, sinais e maravilhas, este livro está cheio de exemplos de como viver para que o Senhor possa fluir diariamente através de você.

No transcorrer de trinta anos de ministério internacional, Bonnie e Mahesh depararam com incontáveis desapontamentos e situações aparentemente sem esperança. Contudo, têm visto Deus transformar desertos em rios refrescantes da presença e do poder de Deus. Juntos, eles partilham algumas dessas experiências impressionantes, ao mesmo tempo em que revelam os tesouros do relato bíblico da mulher sunamita — aquela que abriu espaço para o mover de Deus e recebeu muito mais do que havia imaginado.

"Esta é uma leitura que ocupa o lugar de uma das minhas favoritas de todos os tempos. Parabéns."
— **JAMES W. GOLL,** fundador da Encounters Network e Prayer Storm International; autor de *A arte perdida da intercessão* e *O poder profético da visão*.

Esta obra foi composta em *Adobe Caslon Pro*
e impressa por Imprensa da Fé sobre papel
Offset 70 g/m² para Editora Vida.